其实下班后你能赚得更多

另外8小时

〔美〕罗伯特·帕利亚里尼◎著
吴书榆◎译 赖伟雄◎审译

工作和睡觉外的时间，你在做什么？

四川人民出版社

readers-club

北京读书人文化艺术有限公司
www.readers.com.cn
出　品

本书献给

我最爱的

伊丽莎白 · 帕利亚里尼和亚历山德拉 · 帕利亚里尼。

我深爱着你们，你们是我生命中的恩典。

目　录

前言

你的现状和理想之间是否存在落差？你是否扛着根本付不起的房贷、背着躲不掉的信用卡债务、挂着20斤甩不掉的赘肉、每晚下班回到家时孩子已经进入梦乡……所有这些情况，是否让你产生“生命就要这样消逝了”的想法？若真如此，怎么办？是多睡一会儿，还是再延长工作时间？

本书要谈的是，你不工作也不睡觉的那8小时。想要过你的理想生活，这段“自由”时光是你最宝贵的资源。好好想想，一天24小时中，你要为睡眠付出8小时，还得为工作（最少）付出8小时，这样你只剩下8小时了。你在另外8小时里，做了什么？还有，最重要的是，这8小时又能为你做什么？

看看四周。成功的人，生活丰富且有意义的人，他们全都能善用另外8小时。他们可能从未听闻这个概念，但他们似乎天生就知道，另外8小时才是获得成就与充实人生的真正秘诀。日复一日，当其他人挥霍这段时间时，他们却用来投资。

你如何度过这8小时，决定你的人生现状、你的快乐、你的体重、你的债务、你的人际关系、你开的车子、你说的话、你的爱情、你的学历、你旅行的地点、你的银行余额……可以说，另外8小时，决定着一切对你重要无比的东西。

你的人生在现实与理想之间存在多大差距，并不重要，因为解决方案都相同，即要想大幅改善你的人生和经济状况，唯一的方法就是善用另外8小时。本书要告诉你如何把这8小时投资在自己身上，以此缩短生命里的种种落差。本书要谈的是如何重新唤醒你曾经设定的目标和拥有的梦想，创造新的契机，重新找回你自己的人生。

紧张吗？担心吗？别被书名吓坏了。这本书讲的，不是如何在你已经排得太满的日程表里再挤进更多东西。满满的日程表，并不代表充实的人生。本书的重点是那些让你能更贴近理想人生的活动。如果你现在正利用那另外8小时读这本书，你显然已经懂得善用这段自由时光，来提升自己、改善人生了。

这本书能帮助你得到更多时间和金钱，让你能拥有自己想要的人生。本书分为以下4个部分：

一是掌握重要线索：这一部分为整本书打基础，告诉你为什么一日之计，始于下午5点；为什么我们迫切需要利用好另外8小时，以避免陷入行尸走肉、一穷二白的生活。

二是腾出更多时间：你很可能工作过度、日程太满、压力超大，总感到有太多事要做、但时间总是不够。这一部分内容会告诉你每天如何腾出几小时，去做你想做的事，让你更接近自己的目标，为人生带来幸福和意义。

三是赚得更多财富：有太多太多方案可以帮助你改善经济状况，比如说，早上少喝一杯咖啡、每个月多存点钱，或者投资你的退休金计划。所有建议都是让你减少开支，把钱省下来。这些的确都是被证明可行的策略，但是对于许多已经举债并大幅缩减开支到仅剩基本需求的人来说，这些还不够。这一部分内容会告诉你一些非传统的新颖策略，为你创造合适的理财方案。

四是拥有美满人生：本书重点在于为你提供蓝图，让你拥有美满人生。

这是一本和生命、财富有关的书，不论你是谁，住在何处，背了多少债务，受过多少教育，你都可以投资另外8小时，为自己开创更优质的人生。

也许你还不太相信。那么在你有能力运用这8小时创造新的财富和目标前，你首先必须认识到，另外8小时有多重要。这就是本书第一部分要讲的内容：掌握重要线索。

第一部分
掌握重要线索

现在，出人头地的规则已经和以前不同了。过去的系统让我们相信，只要努力工作，就能付得起账单，送孩子上大学，高高兴兴退休，和家人共度美好时光。这套系统现在还有用吗？

现在我们得越跑越快，才能保住饭碗。工作稳定一词，变成矛盾；不断增加的支出和高额负债，把我们打落谷底；税赋和通货膨胀大大侵蚀我们为未来储蓄的能力。我们的解决方案是什么呢？是在本来已经排得太满的日程表中再挤进更多事项吗？

老式的解决办法肯定没用。我们早已超负荷、承担过多压力了，但我们并未因此更接近目标，因为我们一直忽视可以创造更多意义和带来更高收入的东西：那另外 8 小时。

在你有能力运用这 8 小时，以拉近落差、贴近理想人生之前，你首先必须认识到这段自由时光的力量。这一部分要告诉你的是：

- 对你而言重要的人生经验，大部分都出现在另外 8 小时里。
- 你花在睡觉和工作的时间帮助你活下去，但另外 8 小时帮助你活得更好。

- 传统的工作、储蓄和投资逻辑，有哪些问题？
- 为什么出人头地越来越难？
- 为什么另外 8 小时是你拉近落差、改善经济状况、拥有美满人生的答案？

我们把人生前 1/4 的时间花在学习和成长上，但之后我们不再投资在自己身上。第一部分内容将为你敲响警钟，让你知道，如果不善用另外 8 小时，我们的人生将会遭遇严酷的挑战。

第一章　一日之计始于下午5点

另外8小时决定了你的幸福和净资产

6年前，马克和萨拉参加了一趟前往南太平洋的游轮之旅，却不料碰上热带飓风，船体破裂，几名乘客落水，跌入汹涌黑暗的海水里。不幸的是，马克和萨拉就是当晚跌入冰冷海水的两名乘客。他们发疯似的抓住残骸碎片，使尽吃奶力气让自己的头浮在水面上。隔天清晨，马克被冲到一座无人岛上，萨拉则被冲到2英里外的另一座岛上，两座小岛都杳无人烟。

危难造成的最初冲击渐渐消失，焦虑占据了他们的心头。为了生存，他们必须搭起避难所、储存饮水、摘采果实和捕鱼作为食物。最初几天很可怕，很难熬，但他们都想办法搭起了临时居所，保护自己免受日晒雨淋。他们在岛上找到淡水溪流，还有水果和坚果。日子慢慢地从几天变成几周，他们甚至开始善于捉蟹叉鱼了。

傍晚时分，忙碌一天之后，马克会花点时间轻松一下。他爬到峭壁上，看着潮水冲击岩石。夕阳西下，星星点亮了夜空，他会梦到遥远的行星，祈求自己早日获救。

萨拉同样每天都要努力求生，就像马克一样。她要砍树、爬到树上去摘果实、采集坚果和莓果、捕鱼及提水，忙得团团转。忙完一天的工作之后，她很渴望到海滩上去放松一下，但她知道，她想要的不只是活下去。萨拉想要离开这座岛。

每天下午，萨拉会花几小时收集、存放木材。她几乎试遍岛上每一种植物，看看哪一种能够烧出最黑、最浓的烟。她收集了大大小小的石块，在岛屿四周的沙滩上用石头排出特大号的“HELP（救命）”字样。萨拉还在沙滩上挖了几处起火坑，放置大量干木材及特别的植物。因为此地经常有雨，萨拉发现必须经常用干燥的木材和植物换掉湿的，还有，她排在岛屿四周的“救命”石阵也必须经常去看看。萨拉不想把自己的命运交到可能永远不会出现的救援队手上，她开始用竹子和藤蔓编织竹筏，每天编一点点。

当然，她也会轻松一下。一天里面，她最喜欢的就是黄昏。萨拉会带着当天早些时候摘采的新鲜坚果和莓果，一路走到海滩，在她最爱的棕榈树下坐下来。她会做做白日梦，想想家人，回忆妈妈亲手做的巧克力蛋糕的美味。

日复一日，马克和萨拉就这样做着为了生存而必须做的事情。平静的日子过了几周，那一天终于来了。萨拉在海滩附近捡拾水果，马克则忙着捕螃蟹，就在此时，他们几乎在同一时间看到远方有一架小飞机。

萨拉迅速展开行动。她跑到一小堆火旁边，点起一大堆木材。她把特殊植物丢进火里，并利用自制的火把点起旁边其他木头堆。之后，她把更多的木材和植物丢进火里。一阵浓烟窜入空气中，占满了她这座小岛上方的天空。

同一时间，马克却像发疯一样。他到处跑来跑去，不断想该怎么办。他胡乱摸索，试图生火，他一度点起了火，但是火堆太小，于是他冲进丛林，拔起任何他能找到的植物往火堆里扔。不幸的是，这些植物很快把火闷熄了。马克又花了一些宝贵时间重新生火。当他把不同植物丢进去想办法要把烟弄大时，火堆再度熄灭，他得浪费时间重新生火。

小飞机转弯，朝着这两座岛飞过来。它越飞越近，但马克发现这架飞机并不是朝着他飞来，它飞往 2 英里之外。飞机在萨拉的岛上盘旋几圈，在岸边着陆。两名救援人员从飞机里跳了出来，搭着救生筏朝着萨拉划了过去。萨拉最后看了一眼这座小岛，然后跳进大海里朝着救生筏游去。几分钟后，萨拉已经在空中了。飞行员问她还有没有其他生还者，萨拉告诉他们一直以来都只有她一个人。

马克绝望地想引起救援人员的注意，他在海滩上跑来跑去，在空中挥舞双手，然后放声大叫。当飞机飞出他的视线时，马克明白他失去了可能再也不会有的机会。

马克和萨拉都撑过了落入深海的厄运，千辛万苦地来到陆地上，盖起了居所，找到了食物和饮水。他们都做了为了活下来必须做的事情，但萨拉有更重要的计划，她想要过更好的生活，她想和家人重聚，想再尝巧克力的滋味，她想再读一次爱的故事，她想再度拥抱好友，她想听到教会里合唱圣诗的乐声，她想再拍拍她的爱犬，和老公一起慢慢变老……她必须在这座岛上活下来，但是她也告诉自己，光是活下去是不够的。

马克和萨拉两人的荒岛求生故事，每天都在全世界上演着。这类故事出现在大城小镇上，出现在路边摊档、金碧辉煌的办公大楼里。

如果你觉得自己被困在单调无聊、账单或失落梦想堆砌成的孤岛上，或者，你总是在梦想要过不一样的人生，却不知如何达成，要解决这样的困境只有一种方法……

善用另外8小时

你的一天不是从起床算起，你的一天（甚至你的人生）是下午5点钟下班时正式开始的。你上个星期、上个月及去年下午5点之后做的事情，决定了今天的你。你今天、明天及明年如何运用另外8小时，决定了未来的你。这8小时是你大幅改善人生的唯一希望。你睡觉用了8小时，你为了拿薪水又卖掉了8小时，你仅有的，就剩下这8小时了。人生不只存在于另外8小时中，应该说人生就是另外8小时。

你在何处高就、你的存折上有多少个零、你背了多少债务、你的体重、紧急时你有多少人可以仰赖、你和配偶及孩子的关系，以及其他对你别具意义的一切，都是你运用另外8小时的结果。

检视以下各个层面，你就能了解另外8小时造成的影响有多深远。

家庭

不管你在哪里遇见了你的另一半，如果你希望两人的关系能茁壮成长、成熟美好，你就必须在下班后花时间精力来培养关系。你们约会、携手漫步、坠入爱河，这些事全都发生在另外8小时。

就算是你们的歧见和争执，也都发生在下午 5 点以后。

如果你有孩子，创造出这些小家伙的时刻，必定是在这 8 小时内，他们呱呱坠地的那一刹那，可能也是。你换的所有尿布、你看过的《芝麻街》卡通，还有你帮忙完成的家庭作业，都发生在另外 8 小时。

我下班回到家时，小女儿会飞扑上来拥抱我，因为我把另外 8 小时投资在她身上（当然，部分原因是，我用巧克力贿赂她）。

你感受到配偶和子女对你的爱，完全取决于你如何花掉那另外 8 小时。你和父母的关系，也基于你在另外 8 小时内做了哪些事。如果你善用这段时间，你会被周围人的爱包围。如果你没做到，就不太可能享有这种亲密关系。

人际关系

朝九晚五的上班时间，是认识其他人及建立友谊的最佳时光。我大多数朋友都是在工作场合遇到的。我们在上班时会比在其他时候和更多人有联系，交往期间也更长，但是，如果你想把单纯的工作关系转化成真正的友谊，你还是得花那另外 8 小时来和这些人往来，从不同的层面了解他们。你的朋友（不管你是在哪里遇见此人）都是在那另外 8 小时里变成你的密友的。

身体健康

你爬楼梯是否喘不过气，你穿上泳衣后的自在程度，完全取决于你如何运用另外 8 小时。你的早餐、晚餐、甜点吃什么，通常都在另外 8 小时中决定的。你的选择是否明智，结果自会证明。你做不做运动？睡觉时做吗？不。工作时做吗？不。在另外 8 小时当中吗？答对了。

个人成长

我们谈的是你的爱好、教育、旅行、阅读、艺术及其他你认为多彩多姿，且让你乐于投入的活动。我有一项休闲爱好，是格斗，我还不精通，但是我很享受，而且比刚开始时更有进步了。我也喜欢学西班牙语（虽然动词让我很头痛）。我还喜欢阅读。如果我从早上 9 点到下午 5 点都在格斗、学西班牙语和阅读，我的客户不会开心，我也无法成功。没错，我唯一能做这些我喜欢和深爱的活动（有了这些活动，我才是一个活生生的人）的时刻，就是在另外 8 小时。

性灵生活

不管你在工作或在另外 8 小时，你的性灵生活和信念都会一直跟着你。但除非你上班时间从事的是神职工作，否则，你在性灵方面的成长及和上帝最深刻的交流，多半发生在你去教堂（寺庙）、小聚会、读经班、祈祷、参与义工活动、静思等时候。

财务稳健

你的财务稳健程度，当然和你朝九晚五的工作密不可分。在这段时间内，你工作，赚到薪水。你的薪水决定了你的财务是否稳健，对吧？不要这么快下定论。显然，对于你的财务状况，工作扮演了重要角色，但是另外 8 小时对你的银行账户余额所起的作用，会令你惊讶万分的。

你的财务稳健度由两件事决定，收入和支出。就这么简单。收入是由工作类型及你在工作上的表现决定的。世界上最会做冰甜筒的人，或许可以做出最棒的冰甜筒，但是他选择这项职业后，也就限制了他财务上可获得的成就。

你要靠哪一行维生，影响因素太多了，包括你成长的地方、你的智力、父母的鼓励、你的性格与兴趣、你得到的机会，林林总总；部分原因也取决于你高中有没有毕业、之后有没有多花几年时间去攻读更高学位、有没有参加函授或夜校，也取决于你有多用功念书，以及你的亲朋好友人际网络有多宽广。这些因素（是你可以控制的）会造成重大影响，决定你在朝九晚五之间做哪些工作。这些因素都是你如何运用另外 8 小时的直接结果。

因此，另外 8 小时对我们的收入影响很大，但是，影响财务健全度的另一半因素（也就是支出）来看，又如何？你猜到了。你的支出正是你在另外 8 小时内作出决定的后果。你选择花多少钱租房子、开哪种车、买哪些衣服、从事哪些娱乐活动及购买哪些玩具，这些决定通常不会是你工作时作出的，也绝对不是你在睡梦中想到的。你的每一个支出决定，不论大小，都是在另外 8 小时发生的。

还是没被说服？我希望你做到一点。如果你阅读本书的态度，就像你在阅读八卦小报头条新闻一样，那么得赶紧加油，赶快给自己洗个脑。因为，只有你明白另外 8 小时对你的人生有多么巨大的影响力，你才会重视和珍惜另外 8 小时能为你的人生带来的影响力。

为了证明另外 8 小时在你的生命中非常重要，请你做做下面的练习。

规则：请思考每一个问题。如果这件事发生在你睡眠时，请在睡眠栏中打钩；如果发生在工作时，请在工作栏中打钩；如果发生在另外 8 小时期间，请在另外 8 小时栏内打钩。

生命中的重要时刻	睡眠	工作	另外 8 小时
1. 你何时遇见生命中的挚爱？			
2. 你何时拥有第一个孩子？			
3. 你最伤痛的情绪出现在何时？			
4. 你何时见到此生最壮丽的夕阳？			
5. 你何时对自己的未来感到兴奋？			
6. 你何时从事你最喜欢的休闲活动？			
7. 你何时看到孩子迈出人生第一步？			
8. 你何时看到你最喜欢的电影？			
9. 你何时遇见你最好的朋友？			
10. 你最近一次因为兴奋过度、差点喘不过气来是什么时候？			
11. 你何时有过最深刻的性灵经验？			
12. 你何时从事让你觉得最有成就感的体力劳动？			
13. 如果你可以重现一件过去的事件，这件事会发生在何时？			
14. 你最坚定、最有信心的时候是何时？			
15. 如果你只剩一年可活，你会把大部分时间花在哪些事上？			
总计			

把每一列的数字加在一起，你有没有注意到什么？我和很多人一起做过这个练习，结果永远都一样。

睡眠：必要且让人觉得舒服，但是不太能够为人生带来太多内容。非常可能的情况是，你在睡眠这一栏一个钩也没有。

工作：同样也很必要，且让人觉得有成就感，但通常工作都是你必须做的事，不是你喜欢做的事。多数人在工作这一栏大概会有 1 ~ 3 个钩。

另外 8 小时：大惊喜！你人生中最重要的大事，大部分都不是发生在你睡觉或工作时，这些事都发生在另外 8 小时。

虽然我的确是为了让你相信另外 8 小时有多重要而编出这个练习，但是我认为，这仍是非常有价值的说明。你可以想想你人生中最有意义的事件和记忆，验证一下这些事都发生在何时。

两种人生

时间没有是非对错之分，另外 8 小时也和其他时间无异： 这些时间可以拿来投资，也可以就此浪费。另外 8 小时可以改善你每一个生命层面，但是，你必须把这些时间用在宝贵的用途上。如果你白过另外 8 小时，这段时间就帮不上你的忙。时钟不停滴滴答答，不管你做什么，几秒、几分、几小时就这样过去了。

你的财务、你的工作、你和父母或配偶的关系、你的健康，你的生活品质和幸福程度，不是变得更好，就是变得更糟。生命及大自然万物不进则退，或死亡。你的净资产是增加还是缩水？你在公司是升职还是降职？你和伴侣更贴近了一些，还是更远了一些？你是瘦身成功，还是在这一场赘肉战中败下阵来？

如果你不把另外8小时投资在对你而言重要的事情上，你的生命就会逐渐失去光彩，最后就这样白白丧失。你和多少人的亲密情谊，就是因为你没花时间经营而消失？你是不是和配偶渐行渐远？你是不是已经丧失和信仰之间的密切联系？当你站上体重秤时，是不是觉得很震惊？你有没有想过，去年一整年的时光，或过去5年10年，都跑到哪里了？你有没有觉得，受够了要应付那些害你无法开创新事业或展开新旅程的原因？所有这些不满足背后的原因，都可追溯到你没有把另外8小时妥善投资到这些生命领域当中。

你可以跟那些几年来（或几十年来）完全浪费掉另外8小时的人谈谈。你将会看见痛苦、挫折、愤怒和绝望。如果你花8小时睡觉，8小时工作，然后浪费8小时，你还是能活下去，但只会像孤岛上的马克一样。

我们每一个人都拥有老天给的这8小时（有些人多一点，有些人少一点），能否明智地善用这段时间，完全在于你自己。如果你为下午5点之后的人生制订计划，用这段时间好好去做点事，你这一生很少有什么事做不成。浪费另外8小时的人只会觉得停滞不前、生命空虚，这些人就是下一章的主角。

第二章 行尸走肉和一穷二白

出人头地怎么这么难

乔希每天都早早起床，他的一天从营养丰富的早餐开始，通常他会吃一些高蛋白的食物，然后再来一份适量的水果。

吃过早餐后，乔希会轻松一下，听听几个他最爱的电台节目，有时候他会读读早报，用这段时间跟上最新的社会动向，贴近全世界。

做完这些之后，乔希喜欢让自己的血液奔腾一下。他会深深吸几口新鲜空气，伸展几分钟，然后出门轻轻松松溜达一下。有时候他想打篮球，会加入当地的球赛。

运动后，他会休息一下，准备吃午餐。同样，他会尽量吃得少些，但注重营养，通常他会搭配绿色沙拉，再加一个热三明治。偶尔他也会偷个懒，吃饼干充饥。

乔希是一位充满激情的读者及作者，他常常把下午时光花在写作或书堆里。朋友对乔希来说非常重要，所以他也喜欢把下午时光花在社交活动上。

吃过晚餐后，乔希会去健身房运动约一小时。运动之后，他会吃一点高蛋白点心，冲个澡。他会把上床前的最后时间花在阅读或写作。偶尔他会和朋友聊聊。

埃瑞克也起得早。他会冲个战斗澡，倒一杯满满的咖啡，然后跑出门，冲进冷清、幽暗的晨光中。他开着车在街上穿梭，仿佛设定了自动导航模式。10多年来的每天早上，他都要走这趟40分钟的路上班。

30分钟的午餐时间，是这充满压力的一天中唯一的轻松时刻。他会狼吞虎咽一个三明治，通常会喝下更多咖啡。这一天真是漫长啊！现在才过到一半而已。

一天将尽时，当他打完卡下班后，他整个人就彻底放松下来。他开车回家要花一个多小时。埃瑞克会利用这段时间来减压，听听体育电台或音乐节目。

回到家，他和妻子打了招呼，他的妻子也刚刚下班回到家。她抱怨着今天真难过，他们决定要小小挥霍一番。他们想先去吃一顿晚餐，顺便看场电影，但最后决定不看电影了。埃瑞克和妻子负债累累，他们欠了一万多美元的债务，高利率压得他们喘不过气来。他们不得不停掉网络，他们的一辆车最近也被银行收回去了。

当天晚上，在入梦之前，他们把最后几小时的时间用来看电视。

乔希在学习、前进、成长。他细心呵护身体，饮食均衡，一周健身5天。他让自己的心智时刻保持敏锐，追踪他所属社群及全世界发生的最新事件。他大量看书，投入许多时间写作及参与他热爱的活动。他会努力和朋友及家人保持联络，他通常一周会去看一次家人。他会告诉你，他觉得没什么是他办不到的。

埃瑞克每天同样拥有24小时，但他的人生截然不同。他把更多时间放在工作上：开车来回上下班，并且暗自期盼他可以不用做这么多事。因为他的饮食习惯不良且缺乏运动，导致他给人的感觉和他的样子，都比实际年龄更老。他想逃避人生及堆积如山的债务账单。他曾经有过梦想和目标，但这些东西似乎已经被扫到一边去了。他可以告诉你谁赢了昨天那场重要比赛，但是他不知道当地或全国发生了哪些大事件。学习、进步和成长全都跟他无关，他觉得自己是个囚徒。

整个国家的大城小镇，有很多像乔希或是埃瑞克的人，他们都是过着自己人生的寻常老百姓。值得我们注意的是，他们都是囚徒，一个被生活牵绊住，另一个则被枷锁控制着。（乔希和埃瑞克都确有其人。乔希是一名新闻记者，埃瑞克的故事是我从《纽约时报》中读到的。）埃瑞克拥有完全的自由，但是他没有时间好好投资或是享受他的自由。另一方面，除了阅读、运动和发展之外，乔希一无所有。如果你拥有时间的唯一方式，竟然只是“成为时间的囚徒”，一定有问题了。

每一天，你也面对同样的选择。你可以选择“成为时间的囚徒”，或者，你可以选择运用及投资你的时间。可惜的是，我们多数人都选择打开自动导航，随波逐流地过完每一天。你在之后几章会慢慢学到，你只需要多付出一点时间和关注，生活就会大大不同。在你争取到更多时间、过着惬意人生及赚到更多财富之前，你得先把自己从深深的昏迷状态里唤醒。

行尸走肉

我们拥有随心所欲的自由，但是生活会逼得我们投降。我们要面对的现实是，清晨5点动身、长时间工作、付不完的账单，及越滚越大的负债。我们在人生中累积的经验，扼杀了热烈渴望。不管这股热烈的渴望是要赚到更多钱、要获得他人的赏识，还是要和别人建立关系，那股劲儿早就消失无踪。我们只剩下没有灵魂的躯壳，这个臭皮囊会说话、会走路，但是没有任何目标。

那些生命空虚的行尸走肉就围绕在我们身边，这些人遗忘了曾有的梦想和理想，放弃了热情、梦想、目标，只是单纯地随着生活的律动过下去。对他们来说，人生像极了工厂里的生产线：起床、上班、吃中饭、接着工作、回家、吃晚饭、看电视。生命是机械化且一成不变的，今天与昨天之间少有变化。

他们会顺着生活步调走，把时间花在各项例行公事上。他们不冒险。他们活着，但是完全不去生活。有一天，他们会忽然痛苦地发现，自己怎么到了这个地步。他们备感挫折，他们曾经认为，人生原本可以更美好。

你是否也是行尸走肉，你是否也有过梦想和远大的愿景，但是现在你努力让自己不要再去想这些。拥有另一种不同人生的梦想，似乎不可能实现。

行尸走肉般的人遍布世界每一个角落、每一个社会阶层，有黄种人、黑人、白人、穷人、富人、大学生、中学生等等。成功并不保证你就一定不是行尸走肉。一位要做两份工作才能够付得起房租的单亲妈妈，她的人生可能比住在保安森严社区里、年收入6位数的高级主管更丰富。

行尸走肉般的人觉得自己被困住了。他们觉得自己的前途早就成定局，他们觉得不管自己做什么，都无法改善自己的人生。

在人生旅途上，我们都曾经遭遇过完全失控的局面，很容易就相信自己对人生无能为力。更糟的是，这种挫败的无力感会潜入其他我们尚能控制的领域，污染我们的成功和快乐，就像病毒一样。富有的人越富有，贫穷的人越贫穷，这就是原因之一，也造成快乐的人更快乐，悲惨的人更悲惨。行尸走肉般的人觉得自己的人生早已摊在眼前，不管做什么都无法改变生命的轨迹。

我们大多数人都觉得，自己的现实和理想之间有落差。一开始，落差会鼓舞我们，但如果无法有所进展，不能让差距渐渐缩小，我们就会沮丧、愤怒，最终举白旗投降，哀莫大于心死。

在我们检视我们的处境之前，重要的是，要明白自己究竟是怎么落到这个局面上来的。为什么你人生的梦想和现实居然相隔十万八千里，而且还越来越远？是因为你的期望不切实际吗？这是你的错吗？

你是不是应该降低自己的期望？

佛家的说法是，人不要总是汲汲营营去获得，反而应该降低欲望。他们说，人之所以不快乐，是因为总是去想着得不到的东西。最近有一项针对丹麦人的研究，正好支持了这个观点。丹麦人的生命满意度一直比任何西方国家都高，部分原因是他们的期望很低。本项研究的主持人卡洛·克里斯汀说："如果你是个了不起的人，你会期待自己永远站在顶端，如果事情不能如你所愿，你就会觉得失望。但是当你像我们一样，不会有太多期待，一直在努力，偶尔赢一次，则让你愉快多了。"

那么，其中的寓意是说，你应该和不理想的人生妥协吗？绝对不是。你应该积极主动、努力不懈地去追求你最想要的人生，同时你要对于你已经拥有的一切心存感激。要获得终生的幸福，关键在于要对你做过的事感到满意，要对你目前拥有的心怀感激，然后不断追求个人的更大成就。

我认为不应该把问题归咎于不切实际的期待上。事实上，我认为人会因为期待太低而备尝辛苦。你努力工作，却仅期待求得温饱，这样你就没有机会去设想更美满的人生。你被击败，受人摆布，任凭差距越拉越大，这会变成你的生活方式。

让我们来看看，对许多人而言，生活是多么艰辛和磨人：

- 工作时间更长：不只有你有这个问题，我们大家的工作时间都比过去更长了。美国劳工统计局的报告指出，2006 年时，美国人每周工作时数比 2003 年时多了 5 小时！你是否想过要逃开这里，到另一个国家生活？那千万别去秘鲁和韩国，在这两个国家，有一半人每周工作超过 48 小时。如果你觉得秘鲁人和韩国人是懒惰鬼，那你可能是另一半每周工作超过 50 小时的美国人之一。
- 假期更少：要离开工作岗位休假是很困难的事，越来越多人根本就放弃了。其他发达国家要求一定要给劳工带薪假期，美国并未这么做。在美国，将近 1/4 的员工没有任何带薪假。将近 1/3 的员工并未在年度休放假。至于那些运气好有机会去放假的人，休假时还是得检查电子邮件或语音信箱。
- 上下班时间更长：在美国人口普查局的定义中，所谓“极度上下班者”指的是上班单程要 90 分钟以上的人。听起来像神经病，不太可能有这种事？美国人口普查局说，美国有 340 万极度上下班者，是上下班人口中成长最快速的一群，这个数字比 1990 年高了两倍多，就算是平均上下班时间，也比 20 年前多了整整 25 分钟。

- 压力更大：深呼吸一下吧。大部分人都需要这么做。美国心理学会说，1/3 的美国人生活在极大压力下；将近一半的美国人认为，过去 5 年来他们承受的压力越来越大。另一项调查说，将近 50% 的美国劳工“在日常生活中面对持续且过度的压力或焦虑”。专家们形容我们处于“全国性的压力锅”中，这句话太写实了。
- 恐惧日深：焦虑症是美国最普遍的心理疾病，影响范围达 4000 万人（每 5 名成人中，几乎就有一名患有焦虑症）。911 事件让情况恶化，有 35% 的美国人担心自己成为恐怖主义的受害者。根据一份 2007 年的盖洛普调查，78% 的美国人对全球变暖感到忧心忡忡。
- 有 30 多亿人在找工作：这个世界要被淹没了，原因不光是冰山融化。在发展中国家，超过 30 亿人急于改善生活，渴望找到一份工作。他们成为全球劳动力市场的一员，手里随时带着简历。钱少事多他们愿意，没有福利也不要紧。企业欣喜若狂，恨不得把所有业务都外包出去，以削减成本。对许多人来说，“工作安稳”根本就是一种天方夜谭。
- 亲密关系越来越少：嘘，让我小声跟你说一件事。根据一项最新调查，会和你分享重要事情的人，很可能越来越少。这项研究显示，现在人们拥有的朋友数比 20 年前大幅下降。从 1980 年到 2004 年之间，身边找不到人可以商量重要事情的人暴增 3 倍。这种上升趋势真是让人百思不得其解，尤其是当我们已经拥有手机、电子邮件、博客、短信、微信等等新方法可以互相联络时。

- 性生活越来越少：但愿现实并非如此！但美国人性生活的频率，远低于世界上其他国家的人民。有越来越多夫妻说了“我愿意”之后，不断地说“我不想要”。将近 4000 万美国人的婚姻，都是专家所谓的无性婚姻，也就是说他们的性生活次数一年不到 10 次。
- 越来越胖：我们的体型越来越庞大，而且像吹气球一般地快速变大。根据美国疾病管制中心统计，1990 年时，全美没有任何一州的居民肥胖比例，占到 15% 或以上。但今天情况截然不同，其中密西西比州和西弗吉尼亚州的居民肥胖比率，超过 30%。也就是说，这些地方每 3 个人当中就有一个肥胖，而且他们不是超重，而是肥胖。其他州的居民比较苗条一些，但也没有太大差别。在其他 48 个州当中，有 20 个州的肥胖率达 25% 或以上，没有任何州的肥胖率在 15% 以下。难怪有些研究人员预估，到 2015 年，将有 75% 的美国成年人超重，有 41% 的美国人达到肥胖标准！在短短几年内，居然有这样的结果，真是神奇。
- 幸福停滞：虽然医疗保健及科技不断进步，但我们并未比 20 年前更幸福。互联网、iPod、DVD、智能手机、真人秀电视节目及小甜甜布兰妮的魅力，完全没有提升我们的幸福感。

落差确确实实存在，而且在逐渐加大。有越来越多人加入行尸走肉的行列。

一穷二白和美国梦

美国开国志士的梦想及立国原则，重点在于创造更美好的生活。1931 年，历史学家詹姆斯·亚当斯在他的著作《美国史诗》一书中首先创造了“美国梦”一词。他的美国梦，是“梦想在一片土地中，每个人的生活都能更好、更富裕、更充实……这个梦想里，不只有豪华汽车和高薪，更是一个社会井然有序的美梦，在这里，每一个男男女女都能完全发挥他们与生俱来的潜能”。

除了篮球和苹果派之外，美国人素以自由奔放的乐观主义和满怀希望去追求美国梦而闻名。几世纪以来，追求美国梦再自然不过了，但是，现今的美国比久违世界大赛冠军的芝加哥小熊队更无希望。越来越多美国人早已对美国梦的乐观感到不耐烦。

美国 Marlin 公司 2008 年的一项调查结果显示，超过 50% 的受访者认为，买下舒适房子、获得财务稳定并对未来充满希望的美国梦，根本不是一般美国人能做到的。更严重的问题是，75% 的受访者说，如今要达成美国梦，比 8 年前更难。2008 年盖洛普调查显示，在 10 万名受访者中，超过一半的人说他们生活困苦、挣扎求生，绝大多数人都在为金钱担忧。

我懂这是什么滋味。从小时候开始，我就知道我妈妈是怎么养大我和 4 位兄弟姐妹的。我常想，我那些朋友怎么会有钱度假，而且他们家的大冰箱总是让我惊讶不已。努力求生和财务稳健之间的落差，一直折磨着我，直到我长大成人。

在我事业发展的早期，我在洛杉矶比佛利山一家股票经纪公司任职，距离大名鼎鼎的罗迪欧名店街仅两条街。我清晨 5 点就得到办公室，因此，我每天早上 4 点 45 分就要出门，这时候街上差不多只有我一个人。我也因此有机会悠闲地开过比佛利山的住宅区，在大家都还熟睡时暗自艳羡价值几百万美元的豪宅。每天早上，同样的问题在我脑海里挥之不去，但同时也激励着我。这些人做什么工作？他们是怎么赚钱的？他们怎么买得起这种房子？他们过去作了哪些决定、帮助他们拿到今天的结果？我要做什么才能获得财务上的成就？

我虽非数学天才，但当我检视自己的处境和财务状况时，我很快就明白，除非出现戏剧性的变化，否则我绝对不可能像这些人那样达成这么高的财务成就。我住在一间小公寓里，每天早上 4 点起床，一天工作 12 小时，一年大概可以赚 3 万美元。除非情况有变，否则按照数学逻辑，我家的地址永远不可能出现代表比佛利山的邮编号。

虽然你不见得想住在比佛利山，但你可能也想住大一点的房子，开好一点的车子，去一个更好的地方度假；或许你只想脱离负债，付得起孩子的大学学费。你很可能想拥有财务稳定和心灵平静，但是光想办法付清账单就已经够难了，更不要说出人头地。面对这种困境的不只你一个人。

我也要先承认一件事，那就是，我们很幸运活在世界上最好的国家里，有着最优秀的政治和经济体制。我们拥有自由和机会，去追求我们想要的，过上我们想要的生活。但是，眼前横着几个困难，让我们越来越难达成财务成就和缩短差距：

- 日子越来越难过：盖洛普 2008 年的调查发现，在接受调查的民众中，有 50% 的人担心无法维持目前的生活水准。10

个美国人当中，有 9 个觉得他们努力工作但收入仅能糊口，甚至连糊口都做不到。

- 收入减少：将近一半的美国人一年收入不到 2.7 万美元。我们在 2007 年的所得，比 21 世纪初还低；30 多岁的男性赚得的收入，远低于他们父辈在相同年纪时赚得的收入。
- 储蓄缩水：工作时数拉长 + 假期减少 = 储蓄缩水。我们更努力工作，还放弃了假期，不应该为此获得回报吗？你这样以为，却并非如此。过去不是这样的，1984 年美国人的储蓄占所得比率超过 10%，而如今我们的储蓄率已经落入负值。今天的储蓄率和大萧条时一般低！大概有 10% 的美国人连银行户头都没有。
- 负债更重：有人说，在你身处困境时，只有一种人会比朋友黏得你更紧，那就是债主。若真是如此，我们可是有一大群跟屁虫了。根据资料显示，循环性的消费负债、车贷、房贷金额大幅增长。每 7 个美国家庭中，大约有一个家庭负债问题极为严重，必须提出破产申请或动用信用债务整合服务。
- 投资减少：如果我们赚得比以前少，存得比以前少，我们就更没办法投资未来，这是不证自明的。实际数字是：将近一半的美国人说他们的储蓄总额低于 5 万美元，22% 的人说他们根本没有任何储蓄。
- 没钱退休：退休，过去是一件值得期待的事，但现在却变成人人恐惧的事。有信心能存到足够的钱安心退休的劳工，仅有 18%。在 30 岁到 64 岁的美国劳工当中，超过一半的人认为他们退休后、死亡前就会把钱花完。还有更糟糕的数据吗？

这里有：28% 的退休人士说，他们身上根本没有任何存款。

- 无法退休：勤奋工作 40 年后，可以得到什么大奖？答案是，更多的工作。根据美国退休者协会所言，介于 50 岁到 70 岁的劳工当中，有 68% 打算退休后继续工作，甚至根本没有计划退休。在这些人当中，大概有一半说他们之所以 70 多岁还得工作，完全是因为钱的问题。
- 赚钱 8 小时，花钱 24 小时：如果你跟大部分人一样，都是拿时间去换钱，那么你一天有 8 小时可以拿来赚钱。当你打卡下班时，钱就不会再滚进来了，但是花钱的时间远比赚钱的时间更长。事实上，花费是 24 小时全年无休的。租金、保险、水电费、车贷、税款和电话费，一天 24 小时都从你的钱包里把钱挖走。当我们只有 8 小时赚钱、但 24 小时都得花钱时，实在很难有成就。
- 税赋：税赋是在文明国家生活必要的成本，但这会让你更难成功。每一年，美国税赋基金会都会去计算，哪一天是税赋自由日：从年初到这一天，人民会赚到足够的收入交给政府，可以负担一整年的税赋。在 1900 年，税赋自由日是 1 月 22 日；到了 2009 年，已变成 4 月 13 日。如果我们每年前 4 个月赚的钱全部要变成税收进到政府荷包里，人要存到钱享受退休生活及更美好的明天，将会非常困难。
- 通货膨胀：通货膨胀就像是财富里的一氧化碳，无声、无形、无味。通货膨胀可不是登堂入室的武装抢匪，倒像个狡猾奸诈的远亲，悄悄从你家后门溜进来，偷偷跑上楼，把你的财物搜刮一空，临走时还大大咧咧地在你家餐桌上坐下来喝杯茶。通货膨胀避免不了，会严重伤害你的财务健全度。

- 教育成本上升：更高的教育程度，是促成更高财务成就的主要因素之一，只是现在攻读学位的成本越来越高。过去几年，学费一飞冲天，飙涨 35%。同一时间，联邦政府的补助反而减少。学费上涨加上补助减少，学生负担更重了。除了学位之外，2/3 的大学毕业生离开校门时，后头跟着一大笔助学贷款，一个大学生平均要担负 2 万美元的负债（研究生则平均负债 4.5 万美元）。对于许多低收入学生而言，这个负担实在太重。有 20% 的人学业成绩优秀，但却从未申请任何大学。

传统财务规划的问题

如果我们想达成更稳健的财务，要跨越许多实际存在且难以克服的障碍。有什么解决办法？一直以来，大家都是用传统财务规划方式来面对问题。传统的财务规划方法很简单，撇开术语和时髦缩写，剩下以下 3 个因素：

1. 时间：需要很多时间。
2. 存款：需要很多存款。
3. 投资收益率：需要很高的投资收益率。

只有当你时间、存款和高收益率这 3 项因素都齐备时，传统的财务规划才有用。缺乏其中任何一样，就会碰到问题（一穷二白的人通常不仅少了一项）。

传统财务规划方法的既有限制难以根除，而且会引出两难局面：我应该节衣缩食、未来 40 年都拼命存钱以便顺利退休，还是现在享受生活，然后祈祷在我退休前能中乐透大奖？这就是我们的选择吗？太难选了，就好像黑道老大问“你要选择射脑袋还是射心脏”一样难答。然而，传统的财务规划还有其他限制：

- 年龄问题：就算你不是知名心脏外科医生，也知道当人年纪越老，就会碰到越多健康问题。我想除了水痘和中耳炎之外，其他疾病都会随着年龄渐长而增加或恶化。我们处于盛年时，也就是我们最有活力、最健康的那几年，我们拼命工作；而当我们退休时，健康状况开始慢慢变化，精力也会慢慢下降，再也无法蹦蹦跳跳地走路了。有一位退休人士说：“现在我终于有能力了，但我也失去了活力。”
- 延迟满足：若你想吃个甜筒蛋糕，你想现在吃还是明天吃？如果你跟大部分人一样，你现在就想要。这项原则不仅适用于甜筒蛋糕，而且涵盖一切，包括度假、好车、可从事休闲活动的空余时间、旅行等等。但是，我们面对的选择，不是只有今天相对明天，而是今天相对往后 40 年。
- 起步晚：在传统财务规划的三大要素中，有一项是时间。想要成功，你得有很多时间。如果你起步太晚，传统方法就无法发挥太大的效果。如果你现在 23 岁，认真地每个月把 10% 的收入拨入退休金账户，时间对你来说就是有利因素。但如果你的退休时间已经迫在眉睫，但你什么都还没存，传统建议就不能让你成功过关。
- 为工作而活：在婴儿潮之后出生的人，希望在工作中找到意义及定位，而不是为了活下去而工作。拿时间去换钱回来付账单，对现在这些人来说并不具吸引力。

- 退休取向：传统财务规划不是找方法改善当下的生活，而是把焦点放在退休上。退休可能是 20、30 或 40 年后的事。你需要的是能让你当下生活更富有的解决方案和策略，而不是处理 40 年后的事。
- 仅关注支出：传统财务规划只把焦点放在现金流等式的一边，即支出，想着可以降低、消除或延迟哪些费用？今天你能牺牲多少，才能换来 40 年后的退休生活？降低超额且不必要的支出当然非常重要，但传统财务规划完全忽略了现金流等式的另一边，即收入。除了节流之外，我们更应该着重开源。

传统改善财务及针对退休储蓄的做法，开始让多数美国人深感疑惑；他们整理出数字后，则深感挫折。传统财务规划就像你要拿短尺来量一公里的距离一样，你做得到，但是很耗时间，而且会让你腰酸背痛。因此，很多人都说算了吧，于是选择今朝有酒今朝醉，完全忽略明天的事。这样做在当下会让你觉得爽快，但这显然是一套令人胆怯的长期财务规划。

当你看到有人过着奢华生活时，要指责对方是很简单的事，叫他们节俭一点就好了，对吧？多年来我见多了形形色色的人，当你面对一个赚得很多、也花得更多，不断抱怨自己负债累累且财务困窘的人，解决办法很简单。但是，若你面对一对负债累累仍努力求生的夫妻，他们已经牺牲太多，支出减到已经不能再减了，情况则完全不同。能为这对夫妇提供建议的财务规划人员及相关解决方案又在哪里？

让我们把话说清楚，我是大力支持传统方法的。我是有执照的理财规划师，我拥有财务硕士学位，我是一家财务规划公司的总裁。我也根据传统方法写过一本畅销书。传统方法确实有用。你应该掌握基本原则，施行传统策略，以改进你的财务状况，但是，你必须暂时先忘掉所有你读过或听过的传统财务建议，因为这些东西会阻碍你拥有你想要的人生，也会让你无法发挥成效，非常沮丧。

想象你在开车。传统财务规划会建议你不管多不舒服，都要走这段路，因为你一定得节省用油。当然，如果这招没用，你就要被迫选一个比较近、比较不合你意的目的地，不管你喜不喜欢。

这里的假设是你能获得的汽油有限，必须尽量把油留到最后。就算外面温度高达 38 度，你在车里已经快死掉，也不能开冷气。如果把冷气关掉，可以让你多开一段路，你必须接受这种牺牲。无论如何，传统财务规划要你尽量延续你既有的资源，不管你因此必须牺牲多少。

传统财务建议重点在于放弃、降低、削减和排除。所有财务专家都拼命叫你过俭朴生活，尽量削减支出。他们要你拿掉远大目标和梦想，把这些东西越缩越小，直到它们慢慢枯萎凋零到根本看不见。尽量延展你的资源是一个好主意，但当你所有注意力都放在保守、过活、谋生时，你就失去了辨识机会的能力。好好想想，如果你一直把心思放在油表上，你可能就没注意到刚刚经过了 6 个加油站。

还好，你还有另外 8 小时。在后面几章中，你会学到一套完全不一样的方法。不要把注意力都放在如何节省有限的汽油上，而去寻找加油站，让你能够加油。看到不同了吗？你将会学到如何聚焦在你的潜能及你能实现的目标上，而不是只看见你现有的东西。

你希望成长、扩展、实现和体验，但传统规则却说必须降低、紧缩和限制你的生活。我会告诉你要如何打破困住你的框框，扩充你的方法手段以实现你的愿景，而不是压缩你的愿景来适应你的方法。

另外 8 小时是你的最佳资源，帮助你改善人生和财务状况。你可以投资另外 8 小时，创造格局更大、更好的未来。你重新找回人生与财务自主权的第一步，是重新宣示你对时间的主权：你要把另外 8 小时多拿一点回来，并从中获得更多。

第二部分 腾出更多时间

如果你觉得你连8分钟都没有，更别梦想8小时，这部分正是为你所写的！在你拥有人生、拥有财富前，你必须拥有一项大家都缺乏的资源：时间。我们的第一要务是要尽可能重新拿回另外8小时。如果没有这段时间，我们就无法动弹，无法创业，赚不了更多钱，无法塑造更美妙身形，无法学习跳舞，无法和配偶更亲密，无法读故事给孩子听。我们需要另外8小时，才能好好生活、去追寻我们的梦想和目标。

这一部分内容不是要你放弃更多休息时间，延长在办公室的时间；不是让你在日程表上加入更多对你实现个人抱负没有帮助的事项；不是要你想办法多做一份兼职，添加更多压力和焦虑。

这一部分内容不是要把更多东西塞进你的生活里，而是让你腾出更多时间。在另外8小时当中，你拥有的时间越多，就越能专心从事让你更充实的工作，让你更接近人生的目标。你将会学到各种策略，夺回时间与人生的控制权：

- 少答应一些不重要或无益的工作。
- 和其他人合作，杠杆他们的时间。
- 排除耗损时间和精力的活动。
- 变得更有效率。

丰富人生不是把一天排得满满的，而是一天是否过得充实。拿回另外 8 小时，并向自己真正想要的人生跨出第一步吧！

第三章 找回另外8小时

如何腾出更多时间，并从中获得更多

一位美国生意人在墨西哥海岸边的小渔村四处散步时看到了一位渔夫，渔夫岸边停泊的小船里面有好几条硕大肥美的鱼。美国人称赞这位墨西哥渔夫的鱼品质绝佳，并问他捕这些鱼需要花多少时间。墨西哥渔夫回答："一下子就可以了。"

美国人接着问为什么不在海上待久一点，多捕点鱼。渔夫说他捕这些就足以供应家人的生活所需了。美国人继续问，那剩下的时间都拿来做什么？墨西哥渔夫说："我睡到太阳晒屁股，和孩子玩一玩，然后下午和妻子小睡一番，每天傍晚到镇上溜达，喝点小酒，和朋友一起弹弹吉他。"

这位美国先生一脸轻蔑地说："我拥有哈佛大学企业管理硕士学位，我可以帮你个小忙。你应该多花点时间捕鱼，然后用这些收入去买一艘大一点的渔船。这艘大一点的渔船可以为你带来更高的收入，你可以用这些钱买下一支渔船队。你不要把你的鱼卖给中间商，要直接卖给加工厂，到最后自己来开一家罐头工厂。你要控制产品、流程和经销通路。之后你得离开这个小小的海边渔村，搬到市区去，之后再搬到洛杉矶，在洛杉矶经营逐渐壮大的企业王国。”

墨西哥渔夫问道：“但是，先生，这要花多久时间？”

这位美国先生回答：“15 到 20 年吧！”

“先生，那然后呢？”

这位美国男士笑逐颜开地说：“最棒的这部分来了！这时你就可以宣布公司公开上市，把公司的股票卖给大家。你可以赚进几百万美元！”

“几百万美元。先生，那之后呢？”

美国人回答：“然后你就退休，搬到一处靠海的小渔村，你可以睡到太阳晒屁股，和孩子玩一玩，然后下午和妻子小睡一番，每天傍晚到镇上溜达，喝点小酒，和朋友一起弹弹吉他。”

几年前我第一次在教会听到这则寓言，之后就爱上这个故事了，因为这当中蕴含了强大的信息。你是不是像故事里的这位美国生意人一样，总是把目光放在最后，完全忘记享受中间的过程？

过多的纷纷扰扰

我们觉得撑不下去、压力过大，是因为我们总是在日程表里塞进太多工作、太多待办事项。我们答应要做的事超过可用时间。我们一直往人生的盘子里叠东西，希望有一天这一切努力会带来回报。但是，这些盲目的付出并不能保证未来的幸福，只能保证让你现在承受更多压力和挫折。

对那些没有时间停下来好好喘口气、目光短浅的人来说，享有另外 8 小时是一个荒谬的想法。如果这正是你的写照，这一章对你来说正是当头棒喝。你必须尽量掌握另外 8 小时，善用这段时间来缩短差距，追寻你的目标和梦想。没了这段时间，你什么都做不了。本章会为你提供一些策略和小技巧，让你重新掌握你的时间和人生。

有六大策略，可以帮助你尽可能拿回另外 8 小时：

1. 掌控你的时间。

2. 学会说不。

3. 从 8 小时里变出 9 小时。

4. 排列组合。

5. 注入积极因素。

6. 善用科技。

掌控你的时间

我们要把你的一天切开来，找出没必要浪费的时间、你可以少做的非必要活动，以及你可以掌握的一些机会。

步骤 1：列出大项

时间最公平，即使集金钱、权力和成就于一身的企业总裁，一天拥有的时间也不会比酒吧调酒师、总是加班的单亲母亲多一秒钟。重点不在于他们拥有多少时间（所有人拥有的时间完全相等），重点在于他们如何投资自己的时间，从而造就不同的局面。

现实是，我们很少有人能完全拥有另外 8 小时。起床、开车上班、吃饭、上厕所及整理草坪，全都要花时间。没人逼我们非整理草坪不可，但不管如何我们就是会去做。

你在另外 8 小时里都做了些什么？我很确定，这当中有些时间获得善用，有些则平白浪费了。唯一的方法就是把你利用时间的方法记录下来。请完成下面的工作表，但是你开始动手之前，谨记以下几点：

- 可以猜：各位，这里不是美国太空总署。大可丢掉你的计算机，我们只是想获得一个粗略的概念，了解你的一天大概是怎样过的。
- 仅纳入工作日：不要包含周末。除非你周末也要工作，不然周末就算是你的时间。
- 取平均数：如果你每周运动 3 天，每次 1 小时，你要算出平均数，把小时换成分钟（3 小时乘以 60 分钟等于 180 分钟），然后平均分成 5 天（180 分钟除以 5，等于 36 分钟），以求得每天的平均分钟数。
- 不可取巧：请你记得我们要的是你实际上如何花掉时间，而不是你应该如何花时间（我们之后会讲到这个部分），因此，如果你的目标是每周运动 3 天、每次 1 小时，但是你从没做到过，花在运动上的时间应记为零。
- 挑出主要的活动：多数人会同时进行几项工作。比如说，你可能会在开车上班途中打个电话给朋友，或在健身时读杂志，你应该怎样计算这些时间？你只要计算主要活动就好。因此，在这两个例子中，你要把你的时间记为“开车”及“运动”。

步骤 2：找出活动项目

在每一项时间分类当中（比如社交），写下你在这段时间内从事的所有活动，打电话聊天、和朋友喝咖啡、发短信、处理电子邮件，等等。尽量完整地想到这个分类当中的所有活动。再举一个例子，比如说你一个晚上看 4 小时的电视，那就请你把你看的节目名称写出来。

活动	小时	分钟
睡眠／午睡：你花在睡觉上或躺下来准备睡觉的时间（开会当中的假寐不算）		
睡眠时间总计		
上班：指上班时间。请注意，我说的并非花在工作上的时间，花在工作上的时间跟上班时间是很不一样的。请把午餐时间和工作休息时间也归为“上班”		
上班时间总计		
开车：基本上，这指的是你因为要去任何地方而待在车子里的时间，包括上下班、接送小孩从事课外活动、出差等		
用餐／点心：这不只包括吃东西的时间，也包含准备饭菜和洗碗的时间。不要算购物时间，我们接下来会算到		
私事：这个类别范围很大，包括洗澡、上厕所、梳妆打扮及享受性爱，还有其他比较普通、乏味的事，比如剪头发、修指甲或按摩等		
运动：上健身房、骑脚踏车、做操等时间		
看电视：显然，这一项包括在家看电视和去电影院看电影的时间		
个人成长：花在阅读、学习、规划未来、上课等的时间		

续表

活动	小时	分钟
居家生活：采购生活必需品、支付账单、打电话找人修理水电的时间		
家人相处：你和配偶及孩子相处的时间。陪你家的 3 岁孩子看动画片不算		
性灵生活：花在教堂（寺庙）、研读经书、祈祷、冥想等的时间		
帮忙：你花在协助他人上面的时间，比如说做志愿者、帮助邻居、替奶奶剪草皮等		
参与孩子的学校活动：任何花在家长会或孩子其他校园活动上的时间		
休闲活动：这个部分包括所有其他的项目，如上网、听音乐、写博客等		
开放时间总计		
所有时间总计	24 小时	

步骤 3：列出花在每一项活动上面的时间

接下来，大概写出你花在每一项活动上面的时间。你每天晚上是不是要花一小时时间看晚间新闻？你是不是一天要花 30 分钟写博客？

步骤 4：延迟、消除、减少或保留

事情从这里开始变得有趣。针对每一项列出的任务，你必须根据以下 4 项加以分类：延迟、消除、减少或保持。

- 延迟：你可以把这些工作移到稍后再做。比如说，为了要挪出时间做完某个项目、学习新技能或去上课，你可能会想暂时中止另一项活动。就我而言，我真的很希望能说一口流利的西班牙语，但是我也希望能把本书写完。我可以同时做两件事，但是这么一来，就要花更多时间才能把本书写完；学西班牙语也要花掉更多时间。因此我决定延后西班牙语课，花更多时间专心写完这本书。

详细检查你的每一项任务，看看你是否能延后其中一项。如果可以，你就能腾出宝贵时间，把精力放在更重要的目标上面。

- 消除：你可以完全把它从生活中抹去。我希望你一开始就要像个拿着大刀深入丛林的部落勇士一样豪迈挥砍。更好的做法是，想想有哪些事情是你不能砍掉的？我们总是随便答应，弄到后来自然而然认定自己无法推掉任何事。不要变成一个犹豫不决的软脚虾。开始砍吧！如果你不上网瞎逛或不看青春偶像剧，你会死吗？对于那些你无法下定决心完全删去的活动，你可以先删除 3 个星期试试看。如果 3 个星期过后你想重新恢复这些活动，请自便。
- 减少：也许你无法下定决心消除某些项目，但你能不能少做一点？绝对可以。详细检查你的活动清单，问问自己是不是真的要在这件事情上面花这么多时间？能不能减少一些？只要减少一些不重要、无法让人心满意足的活动，就可以重新拿回一大部分的人生。在你的生活当中，可能有一些会占用你很多时间、但你可以不做或少做的活动，像是玩梦幻足球、浏览名人八卦网站和影音网站等。
- 保留：肯定有一些你不想消除、减少的活动，这没问题。这些请列入“保留”这一项。

步骤 5：涅槃境界

现在休息一下，好好想想你将如何利用这些新挪出来的空闲时间。一天多了 30 分钟、1 小时、2 小时，还是 3 小时？

我们的目标是要尽可能把另外 8 小时都拿回来，你有多接近这个目标？如果你还不满意，你可以重新检查那些还没有删掉的活动，看看能不能延迟或减少。如果你觉得满意，你还要重新审视一下，毕竟我们才刚刚开始……

学会说不

我希望各位不要妥协。你必须挖一条护城河，保护自己的时间不被你自己或他人滥用。试试以下两项策略：

避开

不要让自己变成时间的应召女郎。如果你不拒绝他人提出的要求，对方就会一再利用你。如果你牺牲自己另外 8 小时来让别人受惠，他们的要求会越来越多，一直到你再也给不起为止。

所以，聪明点！制定策略，预先设定“抱歉，但是我没办法帮你忙”的回答。如果这样说语气太重，你可以解释说：“现在我正忙着”、“我跟别人约好了”、“我要去开会（赴约）”、“我要照顾生病的家人”、“我要去医院”……不管你怎么说，你的声音里必须透着强烈的急迫感，你必须尽快结束对话，你可以说：“我们再联络吧。”

平衡

你要效法加州州长阿诺德·施瓦辛格。你也许听说过，联邦预算赤字已经超过1兆元，这表示美国联邦政府花的钱已经超过税收，这和陷入信用卡债务相似。很少有人知道加州州政府仅能量入为出。如果加州州长要多加一项方案，他就必须从别的地方把钱移过来，就像你买东西马上付钱一样。

你的任务是，把这种随收随付的方式变成你处理时间的态度。当你加入非营利机构、接受马拉松训练、为穷人派发免费食物、帮朋友搬家、去夜校进修或帮邻居举办清仓大拍卖，你一定要从别的活动上删掉同样多的时间。规划出你需要的平衡，让你能一直坚持下去。如果你在日程表上加入一项活动，你就必须从中删去另一项以保持平衡，这样做可强迫你不随意答应别人，借此可以保住你的时间。

从8小时里面变出9小时

如果一天多一小时，你能完成哪些工作？如果一天多出3～4小时，那又如何？听起来不太可能？不是。“购买时间”是明天你就能实行的有效策略，帮助你从现有时间里挤出更多时间。

购买时间

打赢战争的不是将军，而是实地作战的士兵。如果你已经背负过多的任务和职责，你必须征召一支军队，替你打更多的仗。不管你是非常富有还是已经破产，你都能从另外8小时中“买”到更多时间。

没有钱也没有时间

就算你没有钱可以请人，你还是有选择，每个星期还是可以为自己创造几小时的空闲时间。以下有两个马上可付诸行动的策略，帮助你重新找回另外 8 小时，而且不花一毛钱。

第一个策略是无摩擦互惠。听起来很怪，是吗？不会。这指的是你先帮别人的忙，然后让他们回报你。这种方式之所以称为无摩擦，是因为就你来说，你不用付出太多额外的精力。不要把这种做法跟以物易物搞混了，后面这种做法是要你放弃某些有价物品，以换得其他有价物品。在这个交易过程中，出现了摩擦：你必须放弃某些有价值的东西。无摩擦互惠是很简单的策略，但是必须处理得当才能创造空闲时间。

互惠的关键在于提供无摩擦的服务，这表示你可以为对方做有价值的事，又无须多花你的时间。比如，你可以去食品店帮邻居取货，因为你也要去食品店。你并未牺牲额外时间帮助邻居，因为你无论如何都得去趟食品店，因此下一次邻居帮你取货时，你算是赚到一小时，不必自己专程跑一趟食品店。

你要如何提供无摩擦的服务？不管你提供什么样的服务，都必须是你自己本来就要做的事。你可以开车送你的邻居到食品店（因为你自己也要去）、今天晚上帮邻居照顾小孩（因为你今天一整晚要在家里陪小孩）、每天开车送你弟弟上班（因为他的公司刚好在你上班路上）、每天早上或傍晚帮房东遛狗（因为你每天早晚都得遛遛自家的狗）、帮同事整理书中的重点（因为你自己也要这么做）、帮朋友到邮局寄包裹（因为你自己也要去邮局）。将无摩擦互惠发挥到淋漓尽致，提供那些本来就在你的日程表中的服务。

比如说，你可以每个星期五晚上都帮邻居带孩子（因为你每个星期五晚上都要带孩子去看电影和吃比萨）。反过来，他们可以在每个星期六晚上帮你带孩子。你不会有任何损失，每个星期又可以赚到和配偶共度的浪漫一夜。

你可以让互惠行动更兴味盎然。比如说，你每个星期一都要为你的家人做意大利面，你可以和一位邻居组成联盟，每个星期一也替她的家人准备意大利面，而让她的丈夫替你剪草皮。你也可以和另一位邻居结盟，每个星期一也替她的家人准备意大利面，而让她替你家的植物每星期浇两次水，依此类推。要知道，替 9 个人准备晚餐的时间和精力，不会比替 3 个人备餐多太多。

无摩擦互惠的做法最棒之处就在于创造双赢局面，你提供的是别人很重视的服务。你喜欢这种结盟关系并能从中受惠，你的伙伴也一样。

通过互惠，你每个星期都可以创造多一点的自由时光。你可以这样开始，首先你要记下所有你能提供的无摩擦（或接近无摩擦）服务，然后写下一张可能的伙伴清单。之后，你把可能的服务和可能的伙伴清单拿来配对，据此实行你的想法。你可能会需要好好想一想你可以提供哪种服务、提供的频率或时间，但重点是要开始动手做。不要忘了，为多位伙伴提供同样的服务，可以增加你的收益率。

第二个策略是专业分工。就像无摩擦互惠一样，专业分工也牵涉到交换服务。这一次的关键是要善用杠杆。你可以提供你喜爱的或你擅长的服务，去交换你不喜欢做的项目。

专业分工可以让你争取到更多时间，或者让你心情愉快。比如说，我讨厌手工活，但我很喜欢去逛食品店。我太太手很巧，但是她不愿意去食品店。虽然我和我太太互相交换劳务并不能替我省时，但是我会比较开心。我们两人的愉快程度都因此提高。

这种事在婚姻中经常出现，你可以和朋友、邻居建立专业分工的合伙关系。比如说，如果你痛恨后院杂活，喜欢在网站上做点事，你可以每个星期教朋友学习 HTML 语言，而让他替你整理后院一小时。

更棒的专业分工是提高愉快程度的同时省下时间。也就是说，你可以付出 2 小时来交换 20 小时。你不用每星期花 1 小时教朋友建造网站，你可以亲自动手替他建造网站。因为你拥有专业技能，只要几小时就能建好基本的网站雏形，但是你可以因此换到 10 小时、15 小时甚至 20 小时的整理后院服务。

如果你觉得这像是在占朋友的便宜，你应该这样想，如果你请邻居家的小孩替你整理后院，一小时要花多少钱？可能是 10 美元。每小时 10 美元，20 小时就是 200 美元，这就是你获得的价值。如果你的朋友要请人替他建造网站，他要花多少钱？至少 200 美元，很可能还要翻倍。要说占便宜，是你的朋友占你的便宜！

如果你没有时间也没有钱，无摩擦互惠及专业分工可以帮助你一周多匀出几小时，让你可以善加利用，拥有人生并拥有财富。

有钱但没有时间

如果你有钱，你可以请人替你做一些琐事。步骤如下：

1. 写出目标：找出要花掉你很多时间及（或）你不喜欢的活动。

把你想到的每一件事详细写下来。你也许需要好几张纸才能写完（我就是这样）。

2. 最不想做的事：一旦你写出一张有益健康、不乐意从事的活动的清单，就可以开始排序。最令你讨厌的是什么？
3. 报价：如果你把最不想做的事情挪给别人去做，你愿意付多少钱。此时大致估算即可。
4. 设定预算：算出你想花多少钱请别人替你完成你最不想做的工作。如果你的税后收入是一小时 20 美元，千万不要付 30 美元的时薪请别人替你洗衣服。
5. 实际动手。

常见的令人讨厌的工作通常很容易请到人来做，而且最具成本效益，以下有几个例子：

- 剪草皮：很容易找到廉价人力，而且数量充沛。
- 清理游泳池：通常不贵。
- 整理档案：需要点技巧，但是你也能以比较低的价格找人来帮你。如果你要找人来你家，特别是这些人将会看到你的私人档案，你要先打电话给他们的推荐人，这非常重要。必要时要进行背景调查。
- 居家整理：很容易找到廉价的人力，而且数量充沛。
- 体力工作：搬运家具、清理车库，等等。
- 烹饪：你可以付钱请人煮饭，但是这很容易变成互惠的项目。
- 保姆（照顾小孩）：在你的社区附近找到一大群合格的人，应该没什么问题。

排列组合

在心理学上，排列组合是更有效率运用记忆力的好方法。就我们的目的而言，排列组合可以让你在运用时间和安排日程时更有效率，让你能够完成更多工作。

你也许会抗议说，我现在是不是尝试把“同时多头工作（英文为 multi-tasking，即同时做多件事情）”这个酷炫的新字眼推销给你，但我们早就知道，“同时多头工作”全无效率。你说得对，研究早已证明“同时多头工作”会降低生产力，然而排列组合指的并不是“同时多头工作”。

“同时多头工作”无法发挥效果，因为它牵涉到两件或以上的事情，这会导致资源的争夺。（想一想如果你有 9 只小猫但母猫只有 8 个乳头会怎样。）这样的例子很多，比如一边听语音留言一边读报告、一边和朋友说话一边写电子邮件、一边读报一边和老公聊天或一边和孩子下棋一边看新闻。这些行为的问题是，不同的任务要争夺有限的相同资源。

排列组合如何避免“同时多头工作”的缺点？诀窍在于结合脑力工作和体力工作，选择去做两种不会争夺同样资源的任务。按照以下原则，你很快能体会什么是排列组合。

1. 列出低效时间：所谓低效时间，并非你没有任何计划的时候，而是指你做一些不用思考的活动的时间，感觉起来就像是在浪费时间。不管你是怎么样的人，不管自认多有效率，每一个人的生活中都有一些低效时间，例如刷牙、洗澡、穿衣、排队、擦地板、倒垃圾、整理车库、开车、等候、健身、洗车、烹饪、除草、洗衣、坐飞机、剪草皮、洗碗，等等。想想你寻常的一天，列出所有你找到的低效时间，并找出所有可预测且重复出现的低效时间。把你想到的项目都写下来。

2. 列出你想多做的有益活动：如果你做了第一步，把你的低效时间活动列出来，这样固然很好，但是要改善你的生活品质，重点在于要去做你现在没做、但却是你真正想做的事。如果时间不是问题，你想要做哪些事？也许你想多读几篇行业期刊论文，或许亲手写几封邮件给最重要的客户，或者每星期给好朋友打一次电话。如果你没办法把想做的事列成清单，你可以想想那些你最喜欢或让你更接近目标的事。比如说，如果你的目标是要让形体更美丽，可以帮助你实现目标的事情，可能包括做伸展操、一周慢跑 3 次、一星期做两次重量训练、每天健身 30 分钟。这些都可以是你清单上面的项目。
3. 特定活动需要用到脑力还是体力：把步骤 1 和步骤 2 的各项活动分别标为"脑力活动"或"体力活动"。换言之，你做这些活动时需要思考（脑力），还是劳动（体力）？脑力活动包括上教堂、记新词汇、阅读、听录音等。体力活动包括重量练习、洗车、烹饪、开车、洗衣、慢跑、洗澡、坐飞机、上下班（乘坐地铁、公交车）、整理草皮、洗碗等。
4. 建立链接：寻找机会，结合脑力工作和体力工作。比如说，你可以一边听西班牙语教学节目，一边做操，在冰箱上贴上 10 个新单词的字条然后背诵，健身时打电话给朋友，开车上班时听教育录音。

除非你的基因突变，否则大多数人仅有一个脑袋和一副身躯。要适当地排列组合，你一次把一件脑力活动和一件体力活动配对。我有个朋友，她在跑步机上跑步时打电话给朋友。你能排列组合的项目有：

- 和孩子们一起洗车（体力活动），同时和他们聊天、玩耍（脑力活动）。
- 和配偶一起慢跑（体力活动），同时和对方交谈（脑力活动）。
- 一边烹饪（体力活动），一边和朋友聊天（脑力活动）。

我是个阅读狂，手边有一个装满一堆“待读资料”的文件夹。每当看到一些我想读却又没时间静下来读的东西，比如杂志报道、博客文章，我就会把这些内容复印下来放进我的“待读资料”文件夹。我随身携带这个文件夹（看牙医、保养车子、上洗手间时）。不管何时，只要我有几分钟的低效时间，我手边都有很多可读资料，完全不用靠候诊室里无聊的杂志。

注入积极因素

真正重大的积极改变，无须花费太多的努力或时间，有时候小事情就能发挥大作用，就像是干燥草堆里的火花。想要从你一天中腾出更多时间，有一个很有趣的方法，就是点火。火花指积极思维或积极的做事态度，可以在你的人生中创造出极大的改变，带来不同的结果。以下是你可以在每天生活中注入积极因素的方法：

1. 选用一种火花：火花指的是一种可以提醒你积极思维的暗

示，比如说重复某种肯定、感谢上天赐予你的一切、祈祷、想象你的美好未来，或不断想象你的人生目标。火花也可以是提醒你要积极行事的动作，比如深呼吸5次、伸展、坐直、放松肌肉、闭上眼睛、站起来等。不管你的火花是想的还是做的，你要选择对你来说容易做且效果强的方法。比如说，我在为未来而努力时总是完全投入，会忘了自己已经完成或者已经拥有的一切。因此，对我来说，强有力的火花是想一想我最感恩的3件事。这样做会让我摆脱总是盯着未来的思考模式，回到当下。相反，你可能是困在今天的问题中动弹不得，对你来说，强有力的火花是想一想美好的未来。不管你的火花是什么，点火时间最好在一分钟以内。

2. 选择在低效时间点火：点火是让火花和简短但不断重复的活动连线。想办法去找出低效时间点，但一开始要慢慢来。现在，我希望你先找出一个时间点，比如你在按掉闹钟时、等洗澡水转热时、开冰箱时、倒咖啡时、上厕所时、等红绿灯时、等电脑开机时、等电梯时、脱鞋子时、开大门时、检查信箱时……当你选择某个低效时间点时，要选择一天至少发生一次的活动，然后把你的火花拿来跟这个时间点配对。如果你的火花是在周一晚上看足球时、想到应该要多花点时间陪孩子，这听起来似乎不太妙。

3. 建立链接：一旦你找到火花及一个低效时间点，你就要链接两者。不管这个低效时间何时发生，你都要点起你的火花。现在只要我打电话给别人，在等待对方接起时，我都会深呼吸几次。这样做不会让我多花时间，但是对我有好处。

一开始，你可能会忘记要点火或做起来笨手笨脚，但要坚持下去。几天后，这件事会变成自动反应，就像你早上刷牙一样。每次只在一个低效时间点引入一种火花，这是很重要的。一旦变成习惯后，你可以再引入另一个。火花的力量，是来自一种集中的意念或行动。

利用道具，你可以从点火中获得更多乐趣。比如你可以在车里放一个牌子，上面写上一句把握今天的激励名言；你每天上班前可以读一读；如果你发现自己下班后还惦记着工作，就在你的大门上贴上一句话语（不要在乎别人是否看到），提醒你和家人相处的每一刻都必须人在心在。你也可以在信箱上贴上一句让你感动的话语。当你去拿信时，除了当天的精美家具目录之外，也能多获得一些启发。

手机铃声的火花可行吗？如果可以立刻和你的目标连上线，或一天能让你获得好几次的启发，那又如何？如果你不在乎旁人的注目，这可能很适合你。你不需要弄一个让人抓狂的摇滚乐来电铃声，你可以设计个性化的来电铃声。你可以录下你用带着法语口音喊出的“把握今天”、录下孩子或配偶说爱你的话，或你最重要的三大目标。你可以录下任何让你感到还有希望或勇气，且你不在乎传播给身边每个人听的话。

不要一下子做太多、太快。慢慢开始，一次引入一项行动。要让行动深入生活，变成习惯，之后再引入另一种火花。你也要给自己留一些低效时间，不要把每一天、每一秒钟都塞得满满的。

善用科技

科技就像是电影里的修女，她会祝福你，但随后会让你陷入困惑、挫折。如果你正确使用科技，科技将会助你从另外 8 小时中挪出更多时间。

我不是科技狂，但是我用的一些工具帮了我大忙：

- Xohni 软件：它做到了 OutLook 应该要有但实际上并没有的功能。它是免费的，你可以更容易搜寻到特定的电子邮件。不要变成一只无头苍蝇，好好善用它。
- Mindmanager 软件：它以思维导图为基础，能帮你记录分类、整理复杂信息。比较平价的版本功能就很强大，足以满足你的所有需求。
- Evernote 软件：酷毙了的软件，而且完全免费！它可以帮助你组织想法。这套软件能让你记录通常会记在日志或是便利贴上的所有事项。
- RescueTime 软件或 JournalLive 软件：这些聪明的网络应用程序可借由你的电脑毫不费力地追踪你如何花掉一天的时间。这些软件都是免费的，而且简单易用。
- Mint 软件：它可以把你的所有财务账户（银行、信用卡、贷款、投资）整合到单一网页上，并且自动更新。
- MP3 播放器（有多种品牌可供选用）：我自己用 iPod，但是随便哪一种 MP3 播放器都可以。笨重的光碟已经是上个世纪的事了。
- Mozy 软件：这是你能找到的最棒的备份软件，而且免费。

你可以轻轻松松设定在半夜或电脑闲置时进行备份。

- GoToMyPC 软件：这可能是一项最伟大的发明。只要有互联网，你就可以从世界任何角落的网络浏览器登入你自己的电脑。
- Dropbox 软件：这套免费软件可以同步更新不同电脑里的档案。你可能拥有好几个电脑（办公室、家里、笔记本电脑），这套程序可以保证你每个地点电脑里的档案都是最新版本。
- Google toolbar 软件：不要浪费时间上 Google 搜寻，你只要在浏览器上安装这个软件就可以让搜寻工作变得更快、更容易。
- 数码录音机（有多种品牌可供选择）：出门时候一定要带一个。这些是让你在开车时记下心得的好工具，也可以记录你的各种灵感。现在许多手机也配有这种功能。
- Jott 软件：你打一个电话号码，然后留下语音信息，几分钟之后你就会收到一封电子邮件，把你刚刚留下的话转成文字。这是你忙碌时最棒的笔记工具。
- 两个屏幕：一旦你有两台屏幕（我自己用 3 台），你就可以省下大把时间。你不用快速地翻网页，你可以开启更多视窗，同时进行浏览。研究证明，这样做可以提高 20% ~ 30% 的生产力。
- 快进有声书：我们多数人每分钟可以说 110 ~ 150 个字，但通常阅读时可达每分钟 200 ~ 300 个字。我热衷于听有声书来打发低效时间，但我发现主讲人讲话的速度通常太慢，慢到让我心思不知道飘到哪里去。为了强化理解和效率，你可以按下快进键。

- 有声书网站：我爱死这项服务了！这是一项要订阅的有声书下载服务。你可以选择书目，然后轻松下载到 iPod 里。几分钟内，你就可以学新的语言、研读最新的营销策略或是听《瓦尔登湖》。

如果你真正思考过，就会发现我们这本书的主旨在于，把时间投资在能带来最高回报的活动上，不管是财务、体能或性灵方面。你如何投资另外 8 小时，决定了你的幸福和财务成就。你必须在另外 8 小时中腾出更多时间，好好保护这些光阴，你的生命就系于这些时间上（确实也是如此）。

当无数的要求、活动、责任把你塞得满满的，并让你分心时，一整天下来，要完成上述这项任务，是很难的。但如果你想成功，一定要停止那些侵蚀你时间和精力的活动。立即行动吧。

第四章　生命水蛭

避开榨干时间和生命的水蛭，重新找回你的人生

在温暖的夏日暖风吹拂下，你决定不去健身房的游泳池，改到户外做些运动。你站在湖边，树梢上鸟儿唧唧啾啾的声音划破了寂静，一切如此平静安详。你看着波澜不兴的湖面，心里想，为什么没人发现这个好地方呢？

水面下的情况却大不相同。湖里可正热闹呢，聚集在水中的水蛭蓄势待发，等待你的潜入。它们已经闻到你鲜血的气息，几乎无法控制地不断扭动着身躯。

你深呼吸几次，把双臂伸向天空，纵身跳入湖水中。你扭动双臂，双脚打水，抬起头来换气。你刚跳进去时，多数水蛭都没动静，但之后就会有一只冲锋陷阵长驱直入，其他的也起而效尤。你还未察觉，正在水中继续游着，全身舒畅。此时一只水蛭张开嘴吸住你的肉，从血管中吸取你的生命。你踢腿时开始失去准头，你开始觉得手臂仿佛重了一些。你慢了下来，另一只水蛭又攀附在你身上。然后，一只一只又一只。你离岸只有几米，但你却开始担心自己永远上不了岸。

你仿佛游了一辈子，终于上岸了，但是你整个人头昏眼花，身体麻木、无法动弹。你身上沾满了一堆看起来像是泥泞或油一样的东西，你想把这些沾满身体的湿湿黏黏的黑色东西撵掉，但怎么也挥之不去。此时你恍然大悟，这些看来像是烂泥的东西，原来是几百只活蹦乱跳的水蛭，它们还在想尽办法吸干你身上最后一滴血。

就像故事里这个在湖里游泳的人一样，生活中的水蛭，也正吸干你的人生。你是不是任凭它们对你为所欲为？或者，你决定想办法把它们清除掉，找回自己的人生？

在第二章中，我描述了行尸走肉这个概念。如果你活着只是在度过时间，那代表你没有善用另外 8 小时，从事能够激发你、让你精力充沛的活动。我和许多人谈过，这些人睡足 8 小时，另外 8 小时努力做着一份体面的工作，但是他们都觉得自己在浪费生命，虽生犹死。问题出在哪里？就在生命水蛭。

生命水蛭会从我们身上吸取时间和精力，这不仅指那种“别坐电梯，改走楼梯”的体能，也指我们的生命活力。有了生命活力，我们才能装上心灵弹簧，踏出轻快的步伐。生命中的高能量给我们带来希望、乐观进取和力量，感觉就像是进入了新境界，站在世界屋檐上。生命能量低落时，我们就会负面、悲观且看不起自己。

所谓生命水蛭，指的是会吸干时间和精力的活动和情境，到最后，它们会榨干你的生命力。我们要保护自己远离生命水蛭，但你也无须因为生命中有水蛭而抓狂。被一两只水蛭咬住而流点血，不至于太危险。同样，当你读完我下面列出的生命水蛭清单时，可能会发现有一些小麻烦黏着你，这没什么大问题。但是，如果有数只水蛭同时依附在你身上，你就得在被吸干之前甩掉它们。

1. 电视：美国人平均预期寿命有几年？根据美国疾病控制中心的统计，为 77.8 年。但是，这些穿着白袍的实验室人员搞错了。睡眠和工作占了 31.3176 万小时，因此，我们的生命只剩下 36.8352 万小时，等于 42 年。这才是我们的预期寿命。

   想一想，看几小时的电视好像没什么大不了（大多数人每天看 4.25 小时的电视），但如果你一天真正拥有的不过是 8 小时，花 2 小时看电视，占你一天生命的比例就蹿升到 25%。下一次，当你开始心不在焉地换频道时，请自问，你是否真的想把一天 25% 或 50% 以上的时间花在看电视上。当你深思过真正的预期寿命后，在另外 8 小时内，这里花一小时、那里花一小时，就不再是微不足道的事情了。电视是所有生命水蛭的“祖师爷”，电视从许多人身上吸走了宝贵时光，超越其他任何事情。

   解决之道：我并没有要你把电视机丢掉。还是有一些节目是值得一看的，而且电视也是很好的缓解压力的方式。我也有非常想看的节目，并不想完全把电视从人生里消除。我想消除的是不受控制、毫无节制地看电视。研究显示，长时间看电视会让心智陷入一种类似昏迷的状态。

   想限制看电视的时间但又不想错失最精彩的节目，一个好办法就是去买你想看的节目或影视的光盘。好处是你不用看广告，可以更快看完整集影片，而且一下子就可看完所有节目，不用每个星期苦苦等候。你可以自己安排时间去观赏节目。

2. 新闻癖：我太太有一个坏习惯，她喜欢在每晚入睡前在床上看夜间新闻。她一直维持这个习惯，直到有一天我坚决反对。我举出许多理由证明这个行为有害无益。她说她试试，几晚不看会怎样，之后她再也不想看夜间新闻了。问题不在于睡前看新闻，而在于这个时段播的是五花八门、形形色色的琐事。这是你会遇见的最可怕的生命水蛭之一，完全是浪费时间，而且有害。

解决之道：放手吧。相信我，你根本不会怀念任何东西。如果你想要知道天下事，你可以浏览一下新闻网站。一天看一次，快速浏览眼皮底下发生了哪些事就够了。

3. 互联网和社交网站：我承认，我是整天上网的人。有时候，我会发现网络正在利用我。网络很狡猾，因为你不管在网上做什么，总是会分心。有多少次你心想“我只是查一个东西”，但一小时之后你却发现自己泥足深陷。网络里分散你注意力的事情，实在太多了。

解决之道：你必须慢下来，在开启第一个网页的时候先想想上网的理由。在你点选任何链接或浏览任何项目时，先想想你的目标。如果这条链接可以帮助你实现目标，就点下去。如果这条链接不能帮助你更接近目的，就要努力抗拒上网浏览的欲望。

你要对消耗时间的网站设下时间限制。最简单的方法就是定下你想上网的分钟数。如果你决定要上网 30 分钟，那就设定 25 分钟。当闹钟响起时，你就有 5 分钟可以了结手上的事。

如果某个网站是生命水蛭，你就得认真对待了。在这种情况下，你要在网络浏览器上封锁这个网站。（如果你真的很想看，你总是可以解除封锁，但这样做至少会强迫你先想一想你在做什么。）如果你下定了决心，可以找精通电脑的朋友替你变更防火墙设定，屏蔽这个网站，但你要记得告诉他，你完全不想知道他动了哪些手脚。

还有一个有效方法可以限制你使用网络的时间，就是把上网时间安排在其他你知道不能不做的工作之前。比如说，你可以在午餐前、开会前或带儿子踢足球前安排30分钟上网时间。如果你得去用餐、见客户或带孩子练球，你就比较可能成功离开电脑。

4. 完美主义：我不确定心理学上对完美主义有何见解，我觉得这东西既阴沉又古怪。

什么事都要做，而且每一件事都要做到“完美无缺”，这是一种可怕的病态。完美主义者也承认这一点，但他们说自己完全无能为力。完美主义不仅榨干你的时间和生命，也会让身边的人耗尽心力。如果你自己是完美主义者、跟完美主义者同住一个屋檐下，或是在完美主义者手下工作，你就懂我说什么了。

如果你是坚持“一切都必须完美”的那种人，我完全帮不上任何忙。如果情况严重，我真心建议你去看医生，有助于你释放焦虑和压力。

解决之道：有时候，差不多好就是够好了。不要浪费时间和生命，强求百分百，只注重重要事项即可。我会说，在我完成的工作当中，有95%和完美相去甚远，但已经够好了。我只做必要的部分，以省下时间和精力在对我来说非常重要的5%上面。对我而言，真正要紧的是和客户合作、写作及做一个好父亲、好丈夫。找到对你而言最重要的事情，以及这些事要做得多好才合情合理。至于其他，你只要设定及格和不及格的标准，不要什么都要拿优等。

5. 追求极致：大概在10年前，我读到一篇阐述追求极致与知足常乐的文章。为了追求极致，你会怀着要找到最好的目标，因此必须分析、比较每一个选择。若追求知足常乐，你就会减少选择，接受第一个让你满足的选择。追求极致和忧郁、后悔息息相关，而且人们通常会觉得，最后的选择也没那么让人满意。

   解决之道：我们首先要认识到，什么东西最重要，真正想要什么。一旦我们了然于心之后，就可以展开搜寻流程。一旦有任何选择满足你的标准，你就停止搜寻和比较！一旦你作出决定，就要把目光放在选择的正面价值上，避开要继续搜寻、比较的诱惑。你已经作出了选择，继续往前迈进吧。

6. 杂乱无章：在这个星期，你因为要找钥匙、文件、电邮而浪费多少时间？信息量过大，要求你想办法发展一套搜寻和储存东西的方法。

   解决之道：我运用一套4个步骤的方法，来帮助我保持有条理。东西越多，就越需要整理。我做的第一件事情是限制进入。我把自己的名字从各种邮件及转发名单中删去，从订阅及邮寄名单内消失。其次，除非有必要，否则一切皆可抛。第三，对于要保留的一切，我会扫描成 PDF 文档，并用一套档案管理软件来管理。一旦完成扫描，我就丢弃原始文件。扫描文件的好处是不占空间，你可以马上找到文件，还可以备份这些档案。可以使用电子传真来收传真。电子传真会把内容转变成 PDF 文档，然后用电子邮件发给你。这样，你就不用自己扫描了。第四，如果我一定要留住原始文件，我会交给我太太归档。我非常善于管理电子文件，但是管理实体文件却是一塌糊涂。

7. 健康：毁掉计划周全、效率完善的日程表的最大因素，莫过于生病。要能保持效率和生产力，还要享受生命，你必须神清气爽来面对每一天。

解决之道：你要照顾自己，才能活得更久、活得更充实。好好运动，注重饮食，经常洗手，不要挖鼻孔（很多人都因为拿脏手去挖鼻孔而生病），吃维生素，多喝水，定期体检。若你因为每周运动几小时及注重饮食而多活 10 年，这是无价之宝。延长寿命，提升生活品质，这也是多挣时间的好方法。

8. 说长道短：茶水间的闲言碎语不只浪费你的时间，更会危及你的名声，消耗你的生活能量，对于话题的主角也是一种伤害。说长道短绝对不会有好事。绝对不会。

解决之道：现在就下定决心，绝对不要说长道短。如果有人拖着你加入八卦讨论圈，你要马上和此人撇清关系。你可以说："所有听来的事都不可信。"浇一两次冷水，大家就知道你不喜欢说是非了。

9. 追星：花大把时间和精神沉迷在名人的世界，关注别人的生活远远超过自己的人生，是很严重的毛病。我认识一些人，他们能滔滔不绝地谈论名人最新发生的八卦轶事，之后又不断抱怨自己赚的钱不够多，或没时间好好陪陪家人。

   解决之道：我们把时间花在哪里，代表我们认为哪些事情重要。如果你的生活无聊到你必须知道其他人怎样过日子，解决之道是为自己开创更有趣的人生。我希望你能感到充实无比，专心致志地追求你的目标和梦想，没时间也没兴趣知道谁和谁又分手了。我希望你的生命热烈有趣，让那些狗仔摄影师爬上你家的树梢守候！

10. 电玩游戏：我不是电玩狂，但是我知道谁是。我认识很多人大把大把地把另外 8 小时浪费在电玩游戏上。那“咂咂”声并非来自于你正在玩的游戏，而是你的人生正在被吃干抹净的声音。现在你可以在网络上和全世界的人一起打电玩，仿佛他们就坐在你身边。

    解决之道：也许我在这里说的话有点重了。如果电玩游戏主宰了你的人生，而且看来你无法掌控它，你就要尽快把墙上的网线拔掉。这个东西是嵌进墙里的定时炸弹。

11. 色情：说到色情，人们大概分为两个阵营：有人完全受不了，有人完全少不了。如果你属于第一个阵营，那就跳过这部分往下读。如果你花很多时间看成人影片，你必须戒掉这个瘾头。据说网络色情跟毒品一样容易上瘾。色情带来的坏处就像这些影片里的对话一样糟糕。

解决之道：马上戒掉。这是你一定要除掉的生命水蛭。色情会夺走你的时间和生命能量，而且完全不会带来任何正面益处。你可以找到许多帮助你戒除这股冲动的资源。

12. 不停回应：你是否觉得自己就像是皮球？当你蓄势待发、要往前冲时，却总是被弹向完全不同的方向？来自四面八方的信息，智能手机、短信、电子邮件、语音等，排山倒海向我们涌来。我们越来越习惯回应每一次的干扰，仿佛这是性命攸关。我们无法过滤信息，无从分辨什么是真正重要的，什么是毫无意义的。问题在于，大部分东西都不需要我们即时关注。我们挪用了本应花在真正重要且有意义的事情上的时间和精力。

解决之道：我们永远无法回到1950年简单、宁静的乡村生活了。你无法阻止那些迎面而来的东西，甚至也无法让它们慢下来，但是你可以控制你的回应方式（或者，你可以控制不去回应它）。小秘诀：把手机和电脑的电子邮件和信息通知功能关掉。这些功能完全不必要。在一天当中，你应该仅在几次固定时间检查电子邮件。你要为自己营造一个完全没有科技的场所，关掉电脑，完全远离科技。

有些人拿着手机在公园里陪小孩。这个说法表面上有道理，但却是大错特错。小孩才不这样想。如果你在工作，他们不会指责你没有陪他们玩；但如果你在公园工作，他们就会认为你完全忽视了他们。在他们眼中，后者更糟糕。请你把工作处理完再陪孩子，给他们全部的注意力，这样比较好。

13. 接电话：这件事本来可以归于“不停回应”部分，但是这件事很重要，所以列成单一的生命水蛭。很少有事情会像接电话干扰这么严重，让你完全从工作、对话及思考中分心。你正忙着当天的工作，居然有人认为你应该放下手边一切来和他们讲讲话？来电其实是一种可以避免的干扰。

解决之道：很简单，从现在开始别接电话。发明语音信箱是有理由的。你可以等到自己方便时回电。你也可以过滤来电（虽然还是会分心，但你至少不用和人对话），或让所有来电都进入语音信箱。就像电子邮件一样，你可以在一天当中设定几个时段，专门用来检查留言和回电。

善用另外 8 小时的专家

我们要提的这位专家叫莫林·曼恩。谈到如何利用另外 8 小时，为自己的人生带来最积极的影响，以下就是他对这个问题的回答。

“一天当中，在另外 8 小时内的某个时间，你要挪出时间来读一本书，这本书必须和你的工作无关，而且讲的是你不大懂的东西。这本书可以是小说、历史书籍或是传记，但是必须是一本货真价实的书，杂志和网站不算。这个概念指的是，你每天都要稍微挪出 30 分钟和日常生活脱钩，学一点新的东西。根据我的经验，定期吸收崭新、陌生的内容，效果就像是请大脑喝咖啡一样。”

14. 抱怨：不管是你自己抱怨或处于别人的抱怨当中，都会危害你的幸福和成就。抱怨是一只大水蛭。如果你养成了抱怨的习惯，不仅会感染别人，还会损害自身的幸福快乐。“二手烟”也会造成伤害。就算你自己不是一个爱抱怨的人，和那些发牢骚的人相处也会伤害你。

解决之道：你可能还不知道自己总是不自觉地抱怨。第一步就是要认知。我有一个朋友，在左手戴了一个紫色的塑胶手环。如果他口出抱怨或表现负面，他就把手环换到右手。他的目标是要让这个手环在他左手上挂满 30 天。为了让全家人都参与或至少分担一些责任，你也可以把这种做法变成游戏。如果我或我太太听到对方抱怨，我们会说“5 分钟”。这表示，我们在当天晚上得好好反省 5 分钟。一整天之后，很容易就累积到 20 或 30 分钟。我自认是一个积极正面的人，但是在我们开始这个游戏的第一天，那天晚上我对她好好反省了一番。我发现，抱怨在我生活中占了很大一部分。我现在学会了如何破除这个习惯。现在，我太太会“抱怨”说，她不像以前那样听到我反省了（因为这个抱怨，她得反省 5 分钟）。

如果你得和其他爱抱怨的人相处，你要马上采取防范措施。这里提供两个策略。第一，对方抱怨越多，你就要表现越正面。这样，不是让他们变得更正面（这不太可能），就会让他们觉得你很讨人厌，从此不再找你抱怨（这很有可能）。第二，如果第一个策略没用，或你没有耐心实行，就不要和他们相处。如果有人开始抱怨，你就走开。

如果你够大胆，可以跟他们说说刚刚那个手环的故事。他们可能会因此顿悟。想办法和那些持正面态度的人在一起，他们的乐观和正面看法有助于修补损伤，也能保护你免遭更多负面态度的伤害。

15. 阅读：为兴趣而阅读并非浪费时间，但如果你强迫自己阅读，或没有任何目的阅读，那是完全浪费时间。

解决之道：除了为自己高兴而阅读，阅读的另一个目的是为了学习。学习不是被动的：你不能安安稳稳地躺在椅子上阅读，像躺在沙发上看电视一样。若要从投资在阅读的时间中获得最大回报，你可以从以下秘诀着手。首先，不要浪费时间读不正确的东西。在你下定决心花几小时读完一本书之前，先花 20 分钟确定你应该读这些资料。把这个流程看成是书的“预告”，你先要了解这本书及其中内容。先看看目录和索引。如果有什么东西让你眼睛一亮，就翻到那一页，好好吸收其中精华。精读简介和结论。如果“预告”不能激起你的兴趣，就不要浪费时间去读这本书了。

假设你找到一本书能通过“预告”检验，你就要变成积极主动的读者。绝对不要在手边没有笔和纸的时候阅读。在你开始读每一章时，先问问自己能从中学到什么。阅读时，你要记笔记，画重点，在书空白处写下心得，不断自问要如何把所学应用在生活中。我喜欢画线后把书交给助理，请他整理出重点。我会把摘要发给朋友和同事，替他们省下大量时间，当然他们读书时也会这样做，投桃报李。

16. 会议：不管我们去哪里，总是逃不开会议的魔爪。大多数会议都在工作时召开，但还是有很多会议硬生生抢走你另外 8 小时。我不是批评会议，我要批评的是会议的杂乱无章、效率低下，缺乏领导力。

召开会议的工作人员通常出发点是好的，但大部分会议都没有架构，缺乏控制。如果一个会议有清楚的目标和紧凑的议程，没开就可以知道效果。若要提高效率，一定要有严谨的架构。

解决之道：如果你身在老是召开无效会议的组织中，你有两个选择。你可以主动投入，让会议更有效率，要不然你可以走开。你不能选择保持原状，否则会浪费太多时间，而且挫折感将会扼杀你的生命。

可能的话，你可以坐到靠近后方的地方，并且提早离开。我知道这听起来有点幼稚，但我们谈的是你的人生。另外 8 小时是你赖以成长的资源，不可以浪费在无聊的会议上。

如果你无法早退，请想一想你可以避开多少会议但又不会陷入麻烦？对于那些必须出席的会议，你可以编制一张在开会时可以做的待办事项清单。几乎每一场会议都会发一叠叠资料，效果不彰的会议特别热爱此道。如果内容重要（很少见），你可以在会议中读一读。如果不重要，你就做自己的事情。不要带书或杂志，太引人注目了。你可以带一些用散装文件纸打印的资料，就可以混进会议资料当中。

17. 开车：越来越多人把宝贵时间花在开车上面，这些时间通常都被视为低效时间。你可以让这些低效时间重新恢复生机。

解决之道：利用免提装置打电话、听有声书、思考。如果上下班路途比较长，你可以先列出一张清单，写出你可以顺道联络的人。你也可以安静地思考。但若要善用这段时间，你的思考必须是主动积极的。你的思考要有目的，尝试去解决某个问题、想出一套营销策略。你要主动思考，而不是陷入被动思考中，后者是一些随机的、毫无目的的想法和事件。

你可以在上班途中打电话联络公事，此时你最清醒、脑袋最灵光。下班回家路上，你可以听 CD，和朋友家人聊聊，此时你需要放松。随身携带录音机，这样你就可以随时“记笔记”了，而且也可以把你的注意力从路上转开。

18. 拼车：这种方式最省油，但是大部分的人做法都不对。情况通常是这样：乔说他得开一小时的车上下班，鲍伯说自己也得开 45 分钟，他们深谈后发现两人上班居然一条路，于是灵光一现，想出一个绝妙好点子，提到他们两人如果拼车，可以省下一大笔钱，于是共乘一辆车一起上下班。他们在一辆车里，每天共处一个半小时，建立起了亲密关系。他们不断说长道短、抱怨管理层什么都不懂、聊聊前一晚的比赛。交朋友和聊天是好事，但是不要虚耗能更善用上下班时光的大好机会。

解决之道：正确地拼车。决定拼车之前，要先让对方知道你希望能在搭车时尽量善用自己的时间。你希望能讲电话、写电子邮件、听录音或睡觉。你可以安排隔周轮替，每周由不同的人开车。在轮到你开车时直截了当地表明你的需求，你的伙伴或许很高兴有机会更有效利用这段时间。

19. 做超过必要的事：我有一个朋友抱怨说，他太太晚餐总是烧一大桌菜。他说他太太每天晚上至少得花一个半小时准备晚餐，餐后他花不少于 45 分钟清理。问题是，他并不想每天晚上都吃满汉全席。他说这变成一个重担，夺走了他们在一起的珍贵时光。他太太觉得自己做得很棒，但他显然不领情。这确实是非常严重的问题。

    解决之道：不要鞠躬尽瘁去做根本没有人在乎的事。你怎么知道他们在乎什么？直接问！你劳心劳力的成果，多数人可能根本没注意到。你为什么不替自己省点时间，把这些时间用来做他们在乎的事？

20. 改造他人：一个人愿意改善自己的人生，克服种种挑战，这是生命中很少有的。遗憾的是，在真实人生中，愿意改变的人太少了。我们经常在别人身上看出潜力，但是他们却不自知。我们花很多时间和精力去改变别人，远远超过尝试提升自己。这种事通常都以挫折和失败收场。我有一位朋友，她花了一辈子时间和酒瘾奋战。最后她说，匿名戒酒组织是为了想要戒酒的人而设的，而不是为了需要戒酒的人。

    解决之道：除非你是一位有人付钱请你改变他们的心理医师，或者你帮助的是一个真正想要改变的人，否则不要浪费你的精力。你应该把重心放在创造自己的人生上面。

21. 升级：这是一种生命水蛭，从最新的 iPhone、跑车到电玩游戏，无所不包。消费主义被带向一个全新境界。不管责任归谁，但我们就是觉得一定要买最新科技，要升级成最新版，不管什么都要拥有最新型号。那些有几十亿美元营销预算的大公司不断用广告轰炸，让我们觉得自己拥有的东西落伍了，相信新推出的版本将会解决所有问题。这种生命水蛭不只会浪费你的金钱，也浪费你的时间。每一次升级新版本时，我们都得花好多时间去学怎么用。

免费升级的软件也会浪费宝贵时间，让你分神。比如说，我写作时，会用 iTunes 听音乐。我差不多每星期都被催促要下载新版本。过去我会认真下载，每次推出新版时都做，有时候花 10 分钟下载，然后再花 10 分钟安装。如果需要重新开机，我就得差不多花掉半小时。但我从未注意到新版有什么差异。每次我开启电脑时，总会收到各种通知信息告诉我该升级了。

解决之道：东西没坏就不要修。除非对系统来说是非常必要的升级，或是杀毒软件升级，否则我不下载任何升级版本。每 6 个月，我会一次性更新经常使用的某些软件，但我会在方便时才做这件事，而不是因为对话框跳出来就更新。至于购买最新的手机或科技装置，你要决定这些功能对你来说是不是真的那么重要。大部分时候，变化都不是那么大。你可以沿用已有的、已经很熟悉的东西，省下时间和金钱。如果你真的需要升级，多等几个月，让厂商先解决所有小问题再说。

22. 替工作狂卖命：想不想知道如何把另外 8 小时大刀阔斧砍剩一半？替不尊重你个人时间的公司或老板卖命，一周在工作上花掉 50 到 60 小时就能办到。如果你刚刚开始工作场合生涯，怎样投入时间无关紧要。有时候，你确实需要一周工作 50 到 60 小时才能引起注意、完成项目，或争取到更多职责，这是开展新事业及新人必经的学习历程。如果你不想追求这个事业，或已经投入了时间却得不到认同或回报，可能就需要作些改变了。

解决之道：你在工作上和老板相处的时间，超过陪伴至爱的时光，这说来不堪却是事实。你在对女友许下承诺之前，先约会几十次、花掉好几个月的时间，但是你却猴急地拥抱第一份你拿到的工作。

找工作和约会没什么不一样，你得花时间好好研究未来的伴侣。就像你在约会的过程中根据直觉行事一样，在工作中你也必须保持警觉。以下是一些建议：

最好在面试开始时先提几个小问题，当做是“互相了解”的随意闲谈。如果你在接待区等候，你可以和前台接待员聊聊，感受一下这里的环境。你会知道公司的企业文化，也会给人留下一个好印象（接待人员在公司里的渠道可多了）。面试结束时，你可以问问未来主管几个问题。这是结束面试的好方法。如果你用小说中的名侦探诘问证人的方式谈，你绝对拿不到这份工作。如果你用轻松的姿态提出问题，而且表现出想要更了解对方，你就会得到对方诚恳相待，对你更有兴趣。

- 问问他的上下班方式，还有他每天几点上下班。如果他每天早上 6 点进办公室，晚上 7 点才离开，以避开堵车高峰，你可以猜想，他一整天的时间表会如何？他对你会有哪些期待？
- 试着和其他员工聊聊，问问他们每天的情况大致如何，还有他们的旅游计划。他们通常是你获得第一手未经过滤资料的最佳来源，因为他们才不想向你推销公司有多好或老板有多棒。
- 观察一下考官的办公室。有没有放家人的照片？对方有没有小孩？如果你看到小孩的照片，可以问问他，如何一边工作一边兼顾家庭。

23. 睡觉：我们人生有 1/3 时间都花在睡觉上。这表示一个人大概有 25 年都处于不省人事的状态。多数人的睡眠时间都不够，还得花时间灌下提神醒脑的刺激品，开车回家时才不会头昏脑涨。但是，有一些人却睡得太多，在睡眠上浪费了另外 8 小时。

    解决之道：你怎么知道自己睡够了？检验一下。试试看一个晚上睡 8 小时，然后看看自己感觉如何。之后，你以 15 分钟为单位，逐步缩短睡眠时间。每个星期实行一种新的睡眠时间。当你起床 15 分钟后觉得神清气爽（不要把刚刚起床时感觉到的完全清醒算在内），而且不会整天打呵欠，你就知道自己找到最适当的睡眠时间长度了。

    如果你下午精神不济（通常发生在午饭后一两小时），你可以试着晚上少睡一小时，在白天你快撑不住时睡一小时（有些灵活温和的雇主允许这样做）。你强打精神撑着，只不过是在耗时间罢了。

我们的讨论涵盖了许多等着吸干你时间和精力的生命水蛭，但除此之外还有很多。你可以分享你的秘诀，并读一读更多对付生命水蛭的解决之道。

我希望你能从前两章中学到一些策略，帮助你在另外 8 小时中重新找回更多时间。本书其他章节的内容，会具体讨论你如何运用这段时间，变得富有，拥有美满人生。

第三部分
赚得更多财富

现在你已经拥有更多自由时间了，这一部分要谈的是，你如何善用这另外8小时来赚更多钱。我们活在一个奇妙的时代，有可能仅用一些创意和自由时间，就能把自己的财务状况提升到全新层次。当你读到这些内容时，有很多像你一样的人正在善用现代资源和科技，赚取收入，大幅改善自己的经济状况。

老规则说，你要更努力工作，出卖更多时间。你必须削减费用，为了不确定且遥远的未来牺牲今天的乐趣。但如果你已经遵循老规则，却还是苦苦挣扎才能求生，怎么办？如果你的现状和梦想之间存在差异，怎么办？如果老规则完全没办法缩短这之间的落差，又怎么办？你应该放弃梦想，妥协过着没那么理想的生活吗？还好，我们有一套比较好的方法。你可以成为一位创业者（译者注：本书中的“创业者”，特指利用另外8小时建立生意、创造成果的人）。这一部分会告诉你有哪些让你创造成果的机会，并为你提供在另外8小时里发挥创业精神的技巧、策略和各项资源。

在这一部分，你会学到：

- 如何在另外8小时创业。
- 如何从消费者的心态当中获利。
- 如何降低风险、追求最大成就。
- 和创业者有关的常见问题解答。
- 10条开始赚钱的创业者渠道。

第五章　从消费者摇身变成创业者

创造财富的新策略

观众的喊叫声冲上了梁柱又弹了回去，再灌进肮脏的走道，一路传进你的小屋。节奏感十足的重击声和跺脚声缓慢而沉重，正好和你快又急的心跳声形成鲜明对比。门倏地打开，打断了你内心的交战。“这个！”两个男人下了命令，一边伸手指着你。几分钟后，他们拖着你走过狭窄的地下通道，把你丢到竞技场肮脏的地面上。

你站在一座大型竞技场的中央，成千上万的人起身、跺脚、咆哮。有一个强壮若野兽的人大步踏进竞技场。他赤手空拳，至少有 2 米高，120 公斤重。

这只野兽绕着你早已瘫软的身躯走，他玩弄你，不断拍打你。你的结局将会如何？你很快地告诉自己，这个问题没那么重要，重要的是要怎么活着逃出去。你如何才能打败他？他比你大，比你壮，比你更精于打斗。你需要新的策略。

你快速冲过去，假装出拳。他接招，对着你挥出一拳。你是在衡量他的距离及他的反应时间。你之后又假装再挥出一拳，但对着他的鼠蹊部狠狠踢了一脚。观众大大倒抽一口冷气，随之而来的则是一阵欢呼，回荡在整个竞技场中。

你弯下身去，抓一把土，假装要再踢他一脚。他把双手放下来护住鼠蹊部，你却朝着他的眼睛丢了一把土。你跳到他的背上，锁住他的咽喉。他挣扎，想用力甩掉你，但是你为了求生紧紧抓住他不放。大概过了几分钟，他倒在地上，不省人事。

观众静下来了，守卫不知道该怎么办。显然，之前没有出现过这种情况，没有人预想会有这种事，没有人期待你赢。然后，竞技场的大门缓缓打开，观众重重地跺脚。你自由了。

也许我年轻时看了太多琼－克劳德·范·达姆的动作片，但这当中演出了重要的一课。有时候，按照老规则行事是非常危险的。为了成功，你必须有新鲜、不同的做法。

跳过落差

你的经济条件有迹可循，跟铁轨上的火车一样。沿路上可能会有一些曲折转向，如果继续维持目前的财务轨道，你可以轻易判定自己最后将如何。如果辛勤工作、节省开支和勤俭储蓄这些传统方法对你没用，那怎么办？每天自备午餐不会让你跳脱轨道，开向不一样的地方。住在俯瞰海洋的豪宅里的人，不是靠着打折券买下那栋房子的；开着价值 40 万美元跑车从你身边呼啸而过的美女，也不是靠早上少喝一杯拿铁买下这部车的。对大部分的人来说，理想与现实之间的差距遥不可测，我们永远无法依靠遵循传统财务建议来缩短这当中的距离。

有什么解决方案？如果你对仅能糊口已经不耐烦，你必须改变。如果你想要搬出小公寓，或想赚到比最低工资更高的薪水，你必须改变。如果你想拥有一栋能俯瞰海洋的大房子、想坐头等舱飞行、想驾驭你的梦想车，猜猜看你该怎么办？答案就在这另外 8 小时里。答案是，你要从一个全职的消费者变成为兼职的创业者。

创业者，白天有着一份全职工作，但是他们想要拥有更多。他们不满于现状，对于工作 40 多年才能退休这个想法不热衷。他们知道，要“跳出轨道”、跳入新的经济层次，唯一的方法是要在另外 8 小时内做与众不同的事。创业者会善用优势、热情及（或）专业，创造出独特且珍贵的作品，如果薪资单就能让你妥协，你就只值老板愿意付的价钱。但如果你创造出珍贵的成果，你的价值将会无限。

长途上下班、无脑的老板及空空如也的银行账户，会重创你的希望和目标，小小的创业计划则能开创你的人生。当你对自己利用另外 8 小时创造出来的成果抱有无比热情时，就可以挨过最糟糕的时光。这些东西会改变你每天早上的例行工作。创造会带来目标，对于那些行尸走肉的人来说，创造让他们早晨有理由下床。创造带来生活得以改善的希望。在创造时，你投入的是你的灵魂。

你必须开始用不同的眼光来看这个世界。你必须创造而非消费，你必须创造而非购买。你必须用完全相反的思路看待过去。别再老是想着能买什么，要换个脑袋，着重于你可以创造什么。别再被千亿美元预算的营销广告洗脑。我希望你成为把钱收进来的人，而不是乖乖掏钱的人。

别误会我的意思。我和大家一样，都热爱消费。我不是鼓励大家把自己的东西卖掉，然后终生在西藏的高山上冥想度日。我喜欢各式各样的东西，我也拥有不少：汽车、房子、iPad、手机、电脑、大屏幕电视、DVD 等等。我喜欢买新玩意儿，我想你也是，但是过度消费却让我们陷入万劫不复之地。

善用另外 8 小时的专家

过去 5 年来，对我的人生改变最大的，是《大明星最爱的瘦身书》，因为该书两位作者提出的荒谬可笑的方法，害我吃素吃了一整年。各位读者如何利用另外 8 小时，才能为人生带来最大的正面影响？以下就是该书共同作者金 · 巴诺伊对这个问题的回答。

“给一个人的生命带来最大影响的，就是心智的图像。好好想想你要创造什么，什么都可以，可能是新事业、新关系、减肥或买下梦想房子。你心里要有一幅清晰的图像，描绘出自己真正要什么。之后，问问你自己，如果真正拥有会是什么感觉。如果你对自己想要创造的东西怀抱满腔热血，这种感觉会为你带来喜悦，再加上你一想到真正想要的东西时的那种悸动，会引燃你的能量，让你美梦成真。”

消费已经从奢侈品转变成人们的闲暇爱好。人类塑造出消费文化，广告无所不在。我们的目标是要在消费和创造之间找到平衡。

从消费者变身为创业者，能解决你现在感受到的财务恐惧和挫折，填补现实和理想间的差距。但是，你可能会想花时间和精力投入创造到底值不值得？

加快你装满荷包、充实灵魂的速度

我们到底应该把这珍贵的另外8小时花在创造上面，还是拿来找乐子、享受人生？研究证明，多数人在工作场合无法获得心理或情绪的满足感。我们工作，并非因为对于自己所做的工作抱有满怀的热情，而是为了领薪水。你可能会被困在白天的工作当中，做一些你完全心不在焉、志不在此的事情，但这并不表示你在另外8小时中的状态也是一样。事实上，这些创造应该完完全全不像工作。我希望你用兴奋和热情去看待你的创造，以及你可能完成的成就。

当你成为创业者，就可以开创各式各样的契机：

- 赚到买得起豪宅的钱：没错。如果你创造能一飞冲天的特别成果，就能赚到大把大把的钞票，马上把你抬升到新的层次。买得起豪宅的钱可是很大一笔钱，让你能随心所欲做自己想做的事。创造能改变游戏规则，而且这种事正不断上演。
- 赚更多钱：如果你对公开上市此等伟大志向没兴趣，那么一个月如果多几千美元或一年多10万美元，对你来说有没有吸引力？有些事业永远无法登上《财富》杂志封面，但仍能带来极佳的收入，你可以用这笔钱还掉负债，及（或）把你的人生带到全新层次上去。
- 成为自己的老板：如果你已经厌倦起得比太阳还早、每天上下班时间超过你能忍受的极限、屈就于一份你不爱的工作、替你无法心存敬意的人卖命、每天超时工作、卖命的时光比你想的多几十年，成为创业者可以帮你重新规划人生，让你握有自主权。

- 向上提升：就算你没兴趣挖金矿发大财，也不想自我创业，但在另外 8 小时创造出来的成果，仍可以帮助你获得更棒的工作，或让你在现在的工作场合中提升。写一本书或一篇文章、在婚礼上发表感言、经营博客或运用之后我谈到的其他策略，你可以引来新客户、建立信誉并获得认可，把事业推向新境界。

你是创业者吗

要从全职消费者变身成为兼职创业者，这不容易办到，更非一蹴而就。我们面对的是一场艰苦的战斗。研究显示，一年中我们会被超过 100 万条广告轰炸，被当中的购买和消费信息洗脑，因此没有人觉得创造是很自然的事。上一次你看到任何建议你开创自己的事业、把你思考多年的点子付诸实行、写本书、录首歌或拍部纪录片的信息，是何时的事？

就算你听到任何鼓励你善用这 8 小时、跟随你的热情动手创造的信息，你还是很可能会心生抗拒。你可能会一边读书一边频频点头，但同时，内心另一个声音又冒了出来。这个声音说：“你办不到，你根本不会创造，你没那么聪明，你没那么有创意，你没有特别的才华，你绝对赚不到比现在更多的钱。”

每一位成功人士都自我怀疑过，他们的内心也有这个声音，他们之所以能与众不同，是因为他们不管自己心中是否有犹豫，仍埋头前进。他们奋力跳龙门。

你可能会认为现在已经太迟，很难有任何有价值或独特的创造，因为“什么事都有人做了”。

不管你来自何处、在哪里工作、赚的薪水有多微薄，这些完全不重要。每一个人看到的世界都有些许不同，因此任何人都可以创造出特别、独特的作品。有时候，最棒的点子和解决方案来自于失败之后。你的挣扎和失败自有其力量，你可以把这些东西融入你的优势和独特性当中，创造出其他人做不出来的东西。

善用另外8小时的成就

只要大约一个月，点子就能变身成为《费尔博士电视秀》的节目内容。

那是2009年的3月，我接到一位朋友的来电。他说他很担心会被公司裁掉，想听听我的建议，看看应该怎么做。他有一些退休金，但是他也欠了好几千美元的信用卡债务。他想要动用存款还掉债务，这样他会觉得轻松一点。

“这是很糟糕的想法！”我这样对他说。他觉得我在跟他开玩笑。“不，我说真的，我觉得这是你现在最不应该做的事情。”我补充说明。他还是觉得我在跟他说笑。一旦他发现我并非开玩笑时（这花了好几分钟），他告诉我，所有的“专家”都要他这么做。

我告诉他，在经济衰退期，大多数的传统财务建议都很危险。我对他说："现金为王！你只要付最低还款额，不要再动退休金，赶快去贷款。"我还说了很多、很多、很多其他的建议。

就在此时，我想到了一个主意，我要写一本不说废话、不加修饰的电子书，只讨论有哪些绝招和策略可以帮助人们在经济衰退期好好活下去。我把书名取名为《Z计划：如何在金融危机中存活（甚至活得更好）》。我利用另外8小时把书写完了。我希望这个信息传得既远又广，因此决定免费发送。

之后，我找来6位伙伴协助我。有人免费帮我设计封面、排版、设计网站、编辑、录成有声书并且生产。一个月之后，我完成了一本篇幅达75页的电子书及有声书，除了一点点时间外，几乎不花任何成本。

喔，还有一件事，费尔博士请我去上他的节目，讨论我的"反直觉"策略，并要我加入他的"经济衰退生存小组"。

仅用了约一个月，我的点子就变成费尔博士的节目内容。我真乐于做一位创业者。

任何人达成某种程度的财务成就，就代表他过去一定创造了什么，没有例外。可能是一本书、一张CD、一项发明或是一个网页。你看看四周就知道了。你看到的一切，一开始都是某个人脑袋瓜子里的点子。你的电脑、书桌、椅子、咖啡杯、沙发、你手上拿的这本书，在某个时间点都不过只是个想法而已。要把这些点子变成你今天眼睛看到的一切，需要远见、决心和行动。

我们生活在人类有史以来最令人兴奋、最撼动人心的时代，到处充满着数年前还不存在的机会。在过去，除非你是大名鼎鼎的洛克菲勒或是卡内基家族成员，否则很难挣得财富。成为百万富翁根本不是梦想，而是不可能的任务，不值得多花一分钟去想。

因为科技、效率提升和全球经济一体化，现在要致富容易得多了，你必须付出的努力比历史上任何时期都更少。但是，在我们讨论你如何投入另外 8 小时去致富之前，在下一章，我们先来回答几个常见问题。

第六章　常见问题集

真正动手去做前必须知道的事

“砰！”刺耳的枪响划破黄昏的空气，你迟疑了一下下，立刻冲出起跑线。你心里什么都不想。你只感觉到心脏不断地把血液泵出来，双脚踏在跑道上。你努力把头抬高，把背打直。你的双腿上起下落，双臂来回摆动。你受过好几年的训练，你牺牲了与朋友和家人共度的美好时光，全都为了这场比赛。你不能输。你的步伐越来越快，越跑越快，你全速冲过终点线。那些花在健身房和跑道上的时间，终于带来了回报。这是你长时间努力练习、努力受训的成果，很值得。

然后，你注意到欢呼声如雷震天，却不是为你。你抬头看到告示板，赫然见到你的名字旁边大大地写着个“2”。你擦去汗水，希望是看花了眼。你眯着眼看，但是那个大大的“2”还是映入眼帘，像是一个怎么都甩不掉的跟屁虫，紧紧依附在你的名字旁边。你的时间是 10.83 秒，而第一名则是 10.82 秒，你输了 0.01 秒。过去 6 年来你过的人生，居然由这 0.01 秒决定结局？！

你不是在终点线或半途中输的，你一开始在起跑线上就输了。那 0.01 秒的迟疑，决定了你的命运。

要做一位创业者是很艰难的，你需要利用最多的优势。但是，在你听到枪声、冲出起跑线时，你必须要有一个好的开始。读读这些常见问题，能帮助你一开始就做正确。因为，开始决定结果。

准备开始

1. 有哪些是我明天就可以做、且能帮助我更有创意的事情？
2. 如果我没有什么创意，应该怎么办？
3. 何谓创业者俱乐部？
4. 我年纪还不够大，不能开创自己的事业。我是不是应该大学毕业后去找一份工作？
5. 我想用另外 8 小时来改善我的生活，赚更多钱，但是我都快付不出房租了，根本没办法做别的事。我应该怎么办？
6. 我的事业把我推到新层次的机会有多大？

避开地雷

7. 我白天有工作。在开始做事业之前，我应该先了解哪些事情？
8. 为何我的朋友和家人对我的想法和我想改善生活的渴望这么苛刻？
9. 为何我的配偶不支持我？
10. 我应该如何面对可能的失败？
11. 我如何保护我的点子？
12. 我如何避免被骗？

13. 我的事业陷入泥潭中，但我已经投入很多钱了，我该怎么办？

14. 我应不应该利用抵押贷款来创业？

寻找“免费”的帮助

15. 我怎么找到平面设计师、网页工程师、公关专业人才、营销专家、顾问及其他服务提供者，让他们免费帮我忙？

16. 我在哪里可以找到愿意降低收费或免费的服务供应商？

17. 我找到一位对我的点子很有兴趣的服务供应商，但我应该如何建立合作伙伴关系？

18. 我应该把多少收入分给提供服务的伙伴？

19. 如果我要付钱买服务，我能否用买断的方式付较低的报酬给对方？这样我之后就不用分享利润了。

20. 我应该和哪些伙伴结盟？

吸引投资者

21. 我应不应该替我的事业找投资者？

22. 我要怎么样募集资金？

23. 我要怎么样找到投资者？

准备开始

问：有哪些是我明天就可以做的、且能帮助我更有创意的事情？

答：以下几件你可以尝试的事情，会让你的灵感源源不绝：

- 捕捉点子：想到一个好点子已经够难了，因此千万不要因为你没准备好而白白丧失一个好点子。点子（不论好坏）可不是常有的，点子可能在你的梦中出没，可能在你开车时灵光乍现，可能出现在会议中、晚餐时或你在淋浴的时候。你必须有能快速且轻易捕捉点子的办法。没有什么方法是最好的办法。我发现，要能在不同的环境下有效地掌握点子，必须要有好几套办法。我可以在手机上输入 2 ~ 3 个字的笔记；如果是在开车，我会利用小型录音机；当我淋浴时想到一个绝妙好点子，我会把想法写在我放在浴室里的写字板上。找出你用来顺手的办法。如果你不是科技迷，那就到处摆满羊皮纸、墨水瓶和羽毛笔吧！

- 100 万的问题：这是一个很有趣的问题，你可以自问或和别人一起玩这个游戏，答得最棒的人可以得到奖品。问问你自己，如果生死就在此一役，如何在 365 天内赚到 100 万美元？你得怎么做？你能怎么做？这个问题逼得你打破过去的思路，也逼你把注意力放在单一（但不简单）的目标上。这是你可以经常自问的问题，因为答案可能会变。当然，你可以一个月内拿这个问题重复问自己几次，如果答案仍相同，你就应该慎重考虑去完成这件事。
- 和小孩相处：没有什么比跟小孩相处更能提升你的创造力了。对他们来说，凡事都有可能，而且幻想的世界比现实要美好得多。你可以从他们无边无际、毫无章法的思考中学点东西。你要注意他们穿什么、他们讲什么、他们如何彼此建立关系，以及任何你能注意到的趋势。你的观察可能让你有新点子。把你的孩子找来，一起训练。这样做会让孩子有参与感，并能教导他们如何注意趋势及寻找机会。

- 这要怎么改善：我最喜欢这项练习。就像很多事一样，光是把这件事拿来玩就很有趣，而且独乐不如众乐。你可以挑选心里想到的任何产品或服务，然后在一分钟内尽量想出任何可改善的地方。这项游戏的目的不在于想到一个你真正能动手做的改善概念，而是让你开始用创业者的眼光来看事情。

问：如果我真的没什么创意，我应该怎么办？

答：那就善用别人的点子！我不是叫你去剽窃别人的想法，你应该和对方结盟。你让他们想出概念和点子，你则提供服务或负责外勤工作。成功的企业需要负责想出点子的脑袋，也要有掌握点子并把点子转化成行动的身体。脑袋思考，身体做事。

人类社会总是拜倒在聪明脑袋(就是那些想出点子的人)之下，但是要等到有人采取行动，才有成果可言。创造可能始于脑袋，但终于身体。你是思考者还是行动者？也许两者都是？你的主要优势在哪一方面？你是不是想出很多好点子，但从未好好加以利用？若是如此，你就是出脑力的人。你是一个爱动手做事的人吗？你是否善于管理及执行？若是，那你就是出体力的人。

不管你出脑力还是出体力，重点是想要成功地开创新事业，需要脑力、体力兼具才能办到。如果你是一个好点子源源不绝的思考者，很棒。但你要知道，身为一个思考者，并不代表你就自动有特权过着优越的生活。你可能要替自己找来行动帮手，帮你把事情做出来。另一方面，如果你是出体力的人，你则可能需要去找一个好脑袋。

如果你发现你极偏向思考或行动，合理的做法是和拥有相反优势的人结盟。要找到适当人选，方法之一就是开始加入创业者俱乐部。

问：何谓创业者俱乐部？

答：创业者俱乐部是由一群朋友组成的团体，大家聚在一起开动脑力，互相激发出想法。俱乐部有支持型和公平型两种形式。

支持型俱乐部是一个论坛，让所有成员能够在这个平台上提供支援和鼓励，分享点子。参与者讨论点子，提供秘招。比如说，一位成员可能会问大家，是否有人能推荐适合的程序设计师，另一位成员则可能问，要和财富五百强企业建立合作关系，有哪些最佳渠道。有人可能会询问应如何完成授权交易，另一位则想请大家看不同版本的商标设计，寻求意见。

通常，这些俱乐部只是一群具有创业意愿的朋友组成的团体，仅此而已，可能正式，也可能不太正式。这都没关系，只要大家觉得自在，可以好好交流就好。

若能拥有背景不同、技能各异的成员，助益更大。最理想的状况是，你能找来律师、税务专家、营销人员、科技狂等，大家可以分享群体的共同经验。

支持型俱乐部在讨论期间，应拒绝访客打扰，因为此时的讨论通常都很私人，有机密性。这类组织需要深厚的信赖，否则无法发挥最大功能。如果让人随意进出，很少有人愿意讨论自己的想法或打开心扉。

公平型俱乐部和支持型类似，也是一群志趣相投、怀抱着创业精神的人组成的群体。不同之处在于群体会合力挖掘点子、开创事业。每一位成员都会投入事业，而且都是提供资金的伙伴。这类俱乐部的运作类似小型企业培养皿，一次可同时开创几项事业，也可以一次只经营一项事业。你可以把公平型俱乐部看作是一个小型公司，这里每一位成员都必须付出，并为共有目标贡献一己专长。

用另外 8 小时的专家

崔拉·索普是一位获得过艾美奖的编舞家，也是《创意是一种习惯》一书的作者。如果你觉得自己没什么创意，去看看她的书。读者要如何利用另外 8 小时，才能为他们的人生带来最强烈的正面影响？以下是她对这个问题的回答。

“为能保持身体运作顺畅，只是要睡一场好觉。一定要运动。必定要做的项目有伸展、有氧及肌肉训练。一个星期至少运动 6 天、每次 45 分钟。另一项一定要做的事就是阅读。我喜欢挑出一位作者，在一段时间内只看这个人的作品。”

问：我认为我年纪还不够大，不能开创自己的事业。是否应该大学毕业后去找一份工作？

答：资本主义的美妙之处是，不管你是不是同性恋、美不美、帅不帅、是否大学毕业或者年龄如何，都不重要。不要用负债的观点来看你的年纪：年轻是一大优势。不管任何时候，都是创造自己理想人生、善用另外8小时创造财富的好时机。然而，若能在年轻时就这样做，更是再好不过了。今日许多伟大公司的创办人，都是失败没什么损失、成功后收获难以估计的年轻人，比如说微软、戴尔、谷歌等。年轻的你可以在影响面不大的条件下冒极大的风险。尽可能住在家里，你可以有免费住处、免费食物和免费水电，然后把钱投资在自己事业上面。年轻时，你拥有的空闲时间也比日后多。此时你没有配偶、孩子，不用参与社区工作，不用应付老板。善用你的网络寻找伙伴、进行合作。这会是你能获得的最佳教育。

问：我想用另外8小时来改善我的生活，赚更多钱，但是我快付不起房租了，根本没办法做别的事。我应该怎么办？

答：不要自责。我认识很多让自己陷入糟糕处境的人（其中有些是我的好朋友）。人非常容易陷入困境，事情急转直下的速度快到让人惊讶。你会因为千百万种理由陷入麻烦，比如说高昂的医药费、失业、生病、投资失利。不管目前处境如何，要把目光放在你如何生存下去、克服逆境上。

你需要短期的生存策略，也需要跳出深渊的长期策略。短期策略是“检查伤势并急救”，先止血，再慢慢把生命维持器拔掉。长期策略则是要发展一套稳固的财务系统，你可以善用第八章中的创业者渠道（亦见下一章的创业者法则）。

短期策略

振作法：这是削减开支快速有效的方法。

步骤一：列出所有支出并加总，要包括每月固定支出（房租），以及较不常出现的项目（汽车保险）。

步骤二：最有趣的部分来了！你要在每一项支出旁边写下 P（Postpone，延迟）、E（Eliminate，删除）、R（Reduce，减少）及 K（Keep，保持）。

- 延迟：这是你可以延迟的消费，比如换新轮胎、买新衣服。
- 删除：这是你可以完全删除的消费，比如你从来没用到的健身房会员卡、你从来不看的额外付费有线电视，或是你订了却从不看的报纸。
- 减少：任何你想降低的支出，都可列在减少项下。比如，如果你上班时每天中午都外出用餐，现在每星期两天自备午餐。在这种情况下，你降低了午餐的费用。同样，你也可以仍旧每天外出用餐，但去没那么贵的餐厅。这两种做法都可降低支出。
- 保持：许多固定费用都是必要的，因此无法延迟、删除或减少，比如房租、保险和食物。

步骤三：现在重新计算你修正后的费用。你瞧！总费用应该比你第一次计算时要低。就是这样！如果你一直跟随我的思路，你的想法就会是以下其中之一："这招太棒了！""我只用了少看一个剧集的时间，就砍掉了一些支出。"或者，你想："这真是浪费时间，我根本没办法削减支出。"

如果你属于第一群人，恭喜你！请身体力行以下讨论的其他短期及长期策略。如果你属于第二群人，那表示你优柔寡断，你不想延迟、删除或减少。通常这表示你不够积极。你买的一双又一双鞋子、你的外出就餐习惯、及你的赌城之旅，都不应放在“保持”项下。如果你认真考虑要降低开支，请回过头详细检视你的清单，开始用“延迟”、“删除”及“减少”来代替“保持”。

当然,有些“保持”项目确实必须保持。如果你完全是月光族，薪水全都拿来支付必要项目，如房租、保险、食物和交通费用，在开支上可能没有太多可供着力之处；但如果把目光放在收入上，仍然有选择……

长期策略

- 新技能：如果你所处的事业发展轨道是下行轨道，完全看不出未来会好转，你就要善用另外 8 小时去学一些新技能，但是，并不是叫你乱学。我谈的技能，是很多企业急需的高度专业技能，还要具备市场价值，是你可以现学现卖、学成后可以找到好工作的技能。可以是资料输入、客户服务、医疗账单处理或法律服务等。不用忙着去读学位，学位太普通了，而且除非你下星期一早上就能用上，否则千万别去学这种技能。相反，你应该要去拿张执照或获得认证，这会让你比较专业，也是企业比较希望在简历上看到的项目。
- 弹跳：如果你没有任何技能，而且卡在一份动弹不得的工作当中，你必须要有创意。你可以保持这份在死胡同公司里的工作，但善用另外 8 小时去学有市场价值的技能。这项新技能可能无法帮你获得梦寐以求的职务，但会比你现在的工作带来更好的报酬，而且也可以开拓新经验。一旦你找到新工作，用另外 8 小时再学新的技能。新的技能可能会帮你在目前任职的公司中节节高升，或帮助你进入完全不同的行业（这种情况更可能）。同样，这种新技能必须是人们需要的技能，而且你之后找到的工作应该比现有工作薪资更好。

- 新事业：可以利用另外 8 小时去寻找新事业。首先，你必须知道你想要做什么。专注于你的优势，找一份你不仅做来得心应手、更因此感到快乐的工作。你要知道，要得到这份工作需要哪些条件？需要什么学历？需要什么技能？好好研究一下这份事业。去找一些刊物，开始阅读这一行业里的人士会读的东西。参加大型研讨会，让自己浸淫在你想从事的那一行里。这需要时间，但这就是那另外 8 小时的用处。

问：我的事业把我推到新层次的机会有多大？

答：如果你没有作为，困在现状的概率差不多是百分百。你往上跳入新层次的唯一方法，就是成为一位创业者。如果你不喜欢可预见的未来，就必须有所行动。那么，你的事业能把你推上新层次吗？有可能。每天都有人创业，有些大获成功，有些则只为创业主带来多一点收入，更有些欲振乏力然后倒闭。你可能没办法第一次就成功，甚至第二、第三或第四次都失败；在你找到自己的生命旋律之前，可能要经历几次错误尝试，但这是值得的，这是成为创业者的必经之路。

避开地雷

问：我白天有工作。在开始做事业之前，我应该先了解哪些事情？

答：没错，你必须找出几个可能的雷区。

- 是否有雇佣合同：有些企业要求员工签署雇佣合同，这类合同通常包含限制条文，约束员工在受雇期间可以从事的兼职。如果你签了雇佣合同，拿出来把灰尘拍一拍，好好读一下，找到在外兼职及竞业禁止的条款。如果看到这类条文，请和人力资源部门谈一谈，让他们知道你想在外面兼职。他们最重要的考虑是，这项工作是否会和公司造成竞争，如果不会，一开始就让他们知道这件事，可以化解他们的诸多疑虑。寻求互相的理解，重新签署一份修正过的合同，让你可以发展事业。要化解紧张并把焦点从你身上移开有个方法，就是跟他们说，你只是帮助配偶创业，但是你希望照规矩来，所以先和他们商量。大多数企业会赞赏你的坦诚，只要不涉及竞争或不会影响到白天的工作，他们不会对你在下班后做什么有意见。
- 披露：即使你没有签雇佣合同，你可能还是必须告诉公司你从事的事业。有些行业，比如说保险经纪，会要求你完整披露任何你涉入的事业。如果你不了解所属行业（公司）的规章，和人力资源部门谈谈。
- 各州法律：多数白天另有正职的发明家或创业者在创业时都忽略各州法律，这可是大错特错。有些州（比如说加州）的法律规定，就算你是在家里完成的工作，雇主也可能有权拥有你创造的成果。过去18个月以来，你每天熬到深夜努力创造的发明，那不是你的！你花了两年写成的那本书，那不是你的！创业者可以做什么呢？保护自己。你要让人力资源部门点头答应，允许你可以在下班后做自己的事，然后要他们签字放弃争夺你创造成果的权利。只要你能向公司证明你没有用到他们的商业机密、设备和工作时间，就不是问题。我建议要把内容定得广泛一些，把你创造出来的任何成果都归于自己。

最后要说的是，千万别占雇主的便宜。他们仰赖你而且付你薪水，要你把工作做好。除非被允许，不然千万别在上班时打电话、发送私人电子邮件或做其他工作。这样做你不仅可能饭碗不保，而且有可能被追究责任。

问：为何我的朋友和家人对我的想法和我想要改善生活的渴望这么苛刻？

答：你最亲近的人很可能对你的改变持负面和悲观态度。这些最在乎你的人，为什么最苛刻？原因只有两个，他们不是不想看到你失败，就是不想看到你成功，就是这么简单。他们不是努力“保护”你不要遭受挫败的打击，就是担心你的新事业真的会一飞冲天。这种事我看得太多次了。如果你想提升自己的人生到全新层次，朋友或许会感受到威胁。

你必须准备好面对负面态度，你必须准备好听家人、朋友抨击你追求美好生活的渴望及你抱持的乐观态度。这类批评可能以各种不同形式现身，也可能没那么直截了当但同样令人气馁。批评很伤人，会造成严重打击，让你在真正动手之前就放弃。我不希望这种事发生在你身上。让我们来看一些你将会听到的常有评论，并试图了解为什么这些对你来说最重要的人，通常也是最残酷的人。

- “你不知道很多公司在开业第一年就倒闭吗？”

  一天到晚都有公司倒闭。如果你第一次、第五次或第十五次创业不能按预期中成功，无须讶异。但如果你遵循第七章将会讨论到的“打就对了”策略，比赛结果就不会是挥棒落空、一无所获。

  看准最后的奖赏，聚焦在你的梦想及你能掌控的因素上。不见得每一家公司都失败，有许多企业不断蓬勃发展，没有理由你的事业就不能是其中之一。

- “你从未创业过。”

  因为你从未创业过，因此你就不创业，这并不是一个好理由。如果你想的话，先从小开始。学着摸门路，去上点课，但你一定要开始行动。第一次你可能会觉得束手束脚，但是你会学到什么有用、什么没用。有时候，你就是得纵身往下跳。

- “我认为不会有人接受这个创意。”

  可能是你最常听到的话，这种话会当头浇下一盆冷水，浇灭你的希望和兴奋。所以我鼓励你在仔细研究之前，千万别和家人朋友谈到具体概念。想办法获得外部人士的回馈意见。也许你的想法真的很蠢，但谁知道呢？稍微作点研究，并找出确定的意见。

  历史上多的是被拒绝后不屈不挠的人。比如说，曾有一位作家想出一个少年魔法师的点子，她带着这个点子找了

12 家出版社，得到的答复都是："绝对不可能。谢谢，我们不需要。"最后，一位伦敦的出版商冒了风险，出版了《哈利·波特与魔法石》一书。

问：为何我的配偶不支持我？

答：你的配偶之所以不支持你，可能有以下 3 个原因。

1. 也许你的配偶早就不喜欢你，根本不在乎你要做什么。怎么办？先去寻求婚姻咨询，再来讨论创业。
2. 也许你是盘古开天地以来最好的一个大好人，却配上一个有问题的配偶。怎么办？先去寻求婚姻咨询，再来谈创业。
3. 最常见的原因是你的配偶害怕。害怕你冒了太大的风险，赔光孩子的大学教育基金；害怕你把所有时间都花在工作上，把家人晾在一边；害怕你不断尝试错误，一再失望。这些合情合理的顾虑，是你在第一天就要处理的议题，要不然你很难有时间去做新事业。

你必须做到以下事情，让配偶更乐意支持你：

- 不要摆出防御姿态。配偶会因许多原因而抗拒，担心失去和你共度的时间等。不要发怒，这只会让情况变得更糟。不要把你的事业变成一场闹剧。
- 想办法消除对方的恐惧。配偶最怕失去什么？金钱吗？详细说明你不会把任何一毛退休金用在创业上。时间吗？你要说清楚，你还是会参与家里的事，你只是放弃"周一足球夜"和其他闲暇兴趣，以挪出时间创业。

- 让配偶参与。不要把创业变成一件“我的事”，要变成一件“我们的事”。创业是一件很让人兴奋的事，是拉近配偶之间距离的好方法。创业不见得会减少共处的时间，可能会让双方有更多时间相处。
- 要求配偶提供协助和想法。要尽早让配偶参与，让配偶协助你建构概念，并觉得自己也是过程的一部分。创业要做的事太多了，你必须获得你能找到的所有协助和支援。
- 谈谈好处。问问看配偶有什么梦想，一起努力，把你们的目标和梦想拼成一幅图画，让力量源源不断地注入，把精力投入在你们都认真对待的事情上，共同创造更美好人生。

问：我应该如何面对可能的失败？

答：我们对失败抱着一种很奇怪的看法，把失败当成是严重该死的错误，其实并非如此。然而，如果你恐惧失败，那些只会让你感觉良好的陈词滥调并不会带给你勇气。多年来，我累积足够的经验，可以看透人们对失败的恐惧。

如果你百分百投入但仍然失败了，这是不是表示你不够好？你应该怎么办？你应该不再冒风险，或者当你冒风险时，你应该仅投入 50%？若是后者，创业失败时，你就有理由解释为何会失败：因为时间不够、努力不够，诸如此类。反正原因不在于你。

这类想法会损害你的努力。当我创业时，我会觉得没什么可损失的，却可以赢得一切。如果我创业但最后失败，那会怎么样？猜猜看？我曾经创业多次，到最后全失败了（吓倒了吧）。很可怕。你努力挥棒想打出全垒打，但有时候你就是失误了。贝比·鲁斯以保持全垒打纪录闻名于世，但是你可能不知道，几十年来他也是被三振出局的纪录保持者。贝比说：“每一次挥棒，都让我更接近下一次的全垒打。”

这就是创业者的美妙之处。你可以一直挥棒，一直挥棒。不要误会我的意思，我讨厌输，我更痛恨失败。我猜每一次贝比挥棒落空时，他并不会兴奋雀跃。但我们总是有机会站起来，想创几次业就创几次业。一次失败并不代表比赛结束。

不论你创业最终成败如何，如果你遵循以下的建议，我可以确保你必能达成某种程度的成就。

- 学习：身为一位创业者，你必须把接触到每一种创业的机会当成是学习经验。我最爱的座右铭之一是：“有时候你取得胜利，有时候你学到东西。”创业就像是攻读速成工商管理硕士学位一样。其他人要花几万美元的学费、耗掉几年时间在学校里接受教育，但你有机会在现实世界里学到这门课。你要把这个世界和创业都当成课堂，用开放的心态去学习和成长。不论你的创业会有什么结果，你都可以从中学习，在下一次的人生创业中用上这些经验。
- 人脉：畅销书作家提姆·桑德斯说：“你的人脉是你的净资产。”你开创的每一份事业，都会让你认识新的人。不要随便看待你建立的人际关系，要积极主动。你遇见的每一个人，都可能教会你一些东西。你要从每一个人的失败和成就中学习。你遇见的每个人，都可能为你引见另一个可以帮助你的人——可能不是今天就帮上忙，也可能不是这一次创业就获益，也许是一年后、另一次毫不相干的事业中才能让你受惠。要正确看待这些人际关系，并持续培养。

- 不要过河拆桥：不论你做什么，都要以诚相待。不要欺骗，不要占别人便宜或投机取巧。交易经常会失败，但人际关系不应如此。要保护你的名声。这个世界很小，而且会越来越小。不当的人际关系很可能会回过头来纠缠你。要正直，要专业。

问：我要如何保护我的点子？

答：要保证没有人霸占你的点子，最好的办法是绝对不要告诉任何人，或者不要把点子拿来用。这样做不能让你进步，因为在某个时候，你总是需要分享你的点子。要保护你的点子，请参考以下的秘诀。

- 不要大嘴巴：当你想到一个让人兴奋的点子，你肯定希望立即和别人分享。你想获得别人的反馈和意见，但是在初期，你必须慎选分享对象。仅和密友讨论你的想法。

  你以后多的是时间传播你的想法，但是在初期，你的点子非常脆弱。可能有人很轻易地就用你的点子回过头来打击你。
- 保密协定：这是一种同意不泄露信息的协定。当你想要和别人分享你的点子、流程、发明或产品等心血时，可以要求对方签署保密协定。这是一份很重要的文件，限制对方对你所提供信息的使用范围。你可以把这类文件用在供应商、潜在合伙人、潜在投资者、批发商或其他人身上。经常会有人要求别人签署这类文件。你可以在网上搜寻“保密协定范本”，找到可以修改的免费样本。
- 暂时专利：专利赋予你某项发明的独家权利，由专利商标局核发。要拿到专利通常需要好几年时间，再加上超过一万美元的相关费用。但是大部分在自家车库里琢磨出发明成果的普通人，通常没有一万美元来申请专利。那怎么办？你可以申请暂时专利。申请暂时专利的成本大约为几百美元，可以保护你的点子及发明，并且允许你在成果中挂上“专利申请中”的说法。一旦你申请暂时专利，就有12个月时间去申请完整的专利，在这12个月当中，你可以检查产品的商业诉求、筹资、寻找伙伴，并在知道自己受到保护的情况下，投入时间从事你的计划。这是低成本买到保障的做法。

- 商标：同样也由专利商标局核发，但是这项权利仅保护公司或产品名称。拥有商标固然很棒，但除非你手边有几百美元的余钱，不然在考虑是否要去申请商标之前，先把注意力放在别的领域上面。
- 记录每一件事：保留电子邮件，拿到往来信件的副本。以挂号的方式邮寄。你要成功，就要能证明那是你的点子，并尽可能提供最多的辅助文件。

如果你只凭一个点子就去找盟友，资本雄厚、拥有整支团队的公司可以轻易夺走你的点子，加以应用。然而，如果你在创造出原型或标志并且申请临时专利后再去找他们，他们就没办法霸占你的点子了。

问：我要如何避免被骗？

答：有些人真的非常恶劣。他们不仅夺取你的点子，还试图拿走你的钱。我就被人骗过。你可以参考以下的建议，从我犯下的愚蠢错误中学到经验：

- 先找你认识的人：请朋友推荐人选。开支票给朋友的朋友，通常比开支票给陌生人来得安全。
- 知道和你合作的人是谁：汇款前，你要尽可能了解和你合作的公司或者个人。请对方寄他的身份证明复印件给你，问问看他在这一行待了多久，先了解他的过去和他这个人。如果你汇的是一大笔钱，对这个人进行背景调查是合情合理的做法。
- 签署白纸黑字的书面合同：这一点非常重要。若没有清楚的合同，就只有你的说法和他们的说法。要具体说明你希望对方提供什么，并且在合同中纳入你所在地区的仲裁条款。
- 使用第三方账户：可能的话，使用第三方账户付款给服务供应商。这种账户的资金由第三方持有，仅当你授权时才会汇出去。
- 要求推荐人：如果对方资质不错，他们一定可以找到一些你能参考的推荐人。至少要求对方提供 3 名推荐人。和推荐人聊一聊，看看这些推荐人喜欢这家公司或这个人的哪些地方，不喜欢哪些地方。当然，你致电过去的那些人说好话的可能性很高。因此，你还有另一个办法，就是针对他们的客户群进行研究。比如说，如果你想要聘用一位网页设计师，你可以在网上看看对方的客户群，并和某些客户联系。

问：我的事业陷入泥淖中，但我已经投入很多钱了，我该怎么办？

答：把更多时间和金钱投入事业中，希望一切会好转，这是很勇敢的作为，但是也很笨。如果你的事业无法继续发展，而且看不见任何好转的希望，就放手吧。这时，你投入的金钱和时间称为“沉没成本”。这些资源就是没了，再丢更多进去也不会回来。继续创业吧！

问：我应不应该利用抵押贷款来创业？

答：如果你已经爬到半山腰，前景一片大好，但是你的钱已经烧完了，你可能需要动用抵押贷款推进到下一阶段。但是，这时要极为小心。筹资或寻找合作伙伴是比较好的做法，但若是最后的临门一脚，这样做也有道理。有些成功的企业就是用抵押贷款来获得资金的。如果你必须这样做，千万要小心。

寻找“免费”的帮助

问：我如何找到平面设计师、网页工程师、公关专业人才、营销专家、顾问及其他服务提供者，让他们免费帮我忙？

答：免费是个美妙的字眼，可惜任何心智正常的人都不会免费做什么，每个人都想要获得回报。但是，你还是有机会。你不需要太多现金就能创业，你需要的是服务。一些公司拥有这些技能和服务，但是没有好点子。这对你来说是优势。听起来很简单，然而你需要采取很多步骤，也必须克服重重障碍才能成功组成合伙关系。

1. 合伙关系：你必须从合作的角度来思考。你不能想着从别人身上拿到多少免费的东西。这样绝对没用，一定要创造双赢局面。你希望合作伙伴替你祈祷，让你致富，因为如果你赚到钱，代表他们也能赚到钱。你希望他们觉得自己也是这份事业中的一环，这样他们就会关注这个项目的成败。如果你用时薪支付对方报酬，你可以买到对方一小时的时间。如果你根据这份事业未来的成功潜力来付款，你就能得到对方的时间、点子、精力、血汗与泪水。想办法寻找一位伙伴，而不是一个提供免费服务的人。请参考以下几个问题，了解如何寻找伙伴，以及如何建构双赢的合伙关系。

2. 好点子：点子还不成熟时，你不应该缔结合伙关系。除非点子真的很棒，否则根本不用去想是否应该招募提供服务的伙伴。你如何知道这到底是不是一个好点子？和专业人士谈谈。如果你是某个创业者俱乐部的成员，请会员多提建议。如果大部分人都认为这是一个赢家点子，就可以去寻找合作伙伴。

3. 沟通：你可能构思出一个“绝妙好点子”，但如果你没有善加沟通，可能无法吸引服务供应商、投资人和客户。大多数创业者不是说得太多，就是说得太少。这几个方面可能是服务供应商听得进去的，那就是你在这个点子之外能提供什么？你有没有人脉？有没有成功的先例？有没有营销计划？

4. 造势：有没有试过裸泳？第一个跳下去裸泳的人，必须冒着没有人跟从的窘境。但是，等到第四个或第五个人也跳下去时，这种风险就不见了。你的任务是什么？当你在和潜在合作伙伴商量时，要说你手上还有几个人也有兴趣。没有人想做第一个，也没有人想做最后一个。

5. 建立信用：你要克服的最大障碍，是信任。你要求素昧平生的人免费提供服务和时间，你必须马上建立信任度和可靠度。如果你之前有过成功案例，就告诉对方。如果没有，和对方谈谈你的其他专业成就。要让对方觉得你是一个成功者，现在正在冒着风险创业，要让对方有“我们要一起度过这一切”的感觉。
6. 提出能打动人的条件：现在你正请一位仅通过电子邮件往来的人为你提供一些东西，你一定要提供对方拒绝不了的杀手级条件，让他觉得若还不愿意出手便是疯了。当对方看到你的条件时，你希望他手舞足蹈。要记住，这些人是你的合伙人，你顺利，希望他们也顺利。不要吝啬，没有人会让你借他们的服务和专长而只是助你一臂之力。请通过以下的问题找到如何建构合伙关系。

问：我在哪里可以找到愿意降低收费或免费的服务供应商？

答：这种人到处都有。也许他们会向你收取材料费，但不要工钱。我发现，大部分的人都在找一些能帮助他们把经济状况推向更高层次的东西，他们可能缺少一个好点子，甚至可能没有动力自行创业，但若能在风险极小的前提下在一家前途看好的企业中分得一杯羹，许多人都会把握机会。

会用到他人时间的，并非只有不重要的小事。美国网络交易公司 TD 公司就和一家阿根廷软件公司结盟，开发出用于 iPhone 的股票交易应用程序。这当中并无新意，但是在这个案例中，TD 公司一开始并未支付软件公司任何费用，软件开发公司获得的报酬，是利用这个应用程序进行交易的部分佣金。如果一家南美洲的小公司能和一家美国大公司缔结伙伴关系，你又为何不能为自己的方案找到愿意付出的伙伴？

问：我找到一位对我的点子很有兴趣的服务供应商，但我应该如何建立合作伙伴关系？

答：如果这是一位服务供应商而非投资人，不要交出任何股权（代表对公司的所有权）。法律规定多如牛毛，大部分的人都不懂，尽量让事情简单化。我喜欢根据创业能带来的收入建构交易，这样做很容易计算，很容易了解，也很容易建立关系。如果是一个以广告为营利基础的网站，你可以支付对方一定比例的广告净收入，如果你要卖东西，则可支付一定比例的销售金额或利润。

问：我应该把多少收入分给服务供应商？

答：简单的答案是，要给到够多的比例。你应该这样进行交易：

1. 看看如果你要用现金支付的话，你接受的服务价格是多少钱？
2. 判断你愿意支付多少现金（如果要付的话），以及需要服务供应商在这个事业里“投资”多少。比如说，如果他们设计商标要价 800 美元，而你愿意支付 200 美元的现金，这代表他们必须延迟收取剩下 600 美元的报酬。这 600 美元就是他们对你事业的“投资”。

3. 规划出交易内容，让对方清楚知道未来可能有哪些报酬，可以从已投入资本中赚得多少，以及何时能拿到钱。

当然，不是每一次创业都能创造出下一个 Google。和伙伴开诚布公地谈一谈，设定好大家的期待是非常重要的事。他们必须知道情况会怎么样。如果一次创业不成，那就再来一次。

问：如果我要付钱买服务，我为什么不能用完全买断的方式付较低报酬给对方？这样我之后就不用分享利润了。

答：并不是每个人都愿意付出百分百的已投入资本。对于那些不愿意这么做的人，你必须支付一小笔现金才能和他们合作。那么，为什么不干脆去找收费更低廉，而且根本不想和你缔结合伙关系的人呢？很简单，因为我们要发挥杠杆作用。如果你的点子很棒，还有一支愿意提供出色产品或服务的优质团队，就能大大提高这份事业成功的概率。

问：我应该试着和哪些伙伴结盟？

答：成本高又专业的服务项目通常需要策略联盟，比如技术、营销、公关、设计等。有时候专业服务提供者也愿意加入策略联盟，比如说注册会计师和律师。先想一想你需要用到哪些服务，比如说网站、营销、广告、公关、设计、法律、会计、制造、销售等。你在上述每个领域中找到合伙人的概率非常大。

吸引投资者

问：我应不应该试着替我的事业找投资者？

答：你今天看到的许多成功的企业和产品，过去都是由许多人共同出资建立的，可能是投资专家、天使投资人、朋友或家人。对你来说，最棒的事就是不要管资金这件事（至少一开始是如此），而把更多时间投入在产品、研究竞争对手、营销策略及创造竞争优势上面。我看过太多想出好点子的聪明人，把所有时间花在寻找资金上面，而无法好好发展自己的公司。

问：我要怎么募集资金？

答：如果你已经做完所有大大小小的杂事，却还是需要用到别人的钱做后盾，那就要从撰写一份简要的营运计划书开始，内容应该包括以下各项：

1. 问题：你的产品（服务）想要解决哪些问题？
2. 产品（服务）概要说明：这家公司要销售哪些产品（服务），要如何解决问题？要详细说明。
3. 竞争优势：你的竞争对手是谁？哪些因素导致你提供的产品（服务）比市面上已经有的选择更好？换言之，为什么大家要买你的产品（服务）？
4. 团队：谁参与其中？大家做了什么？为什么他们适合经营这份事业？
5. 营销计划：如果没有适当的营销，最好的点子和产品也会消失。你有哪些吸引客户的作为？广告？营销？策略联盟？

6. 营收模式：你要如何赚钱？你的成本是多少？你要赚多少？你要等多久才能回报投资者？
7. 资金运用：你为什么需要钱？需要用多久？
8. 里程碑：你有哪些里程碑或目标？你想和哪些公司组成策略联盟？你预期何时要开始销售？

问：我要如何找到投资者？

答：和你的朋友及家人分享你的想法，请你的会计师或律师推荐个人投资者（也就是天使投资人）。如果你有会面机会，要做好万全的准备工作。制作出一份 20 分钟的 PPT，介绍你的营运计划。

这些是最常见的问题。在你学到具体策略、了解应如何善用另外 8 小时来赚更多钱前，你应该先搞清楚一些规则，请见下一章内容。

第七章　创业者法则

降低风险、达致成功的八大法则

虽然这已经是陈年旧事了，但一提起来还是让人很难堪。当时我应该是 8 岁或 9 岁，那是一个秋天的夜晚，寒风凛冽，地面潮湿。我跑到球场上时，还能看到自己呼出的热气。我的头盔松了，一直乱动，我得用一只手扶住才不至于掉下来。

哨声响起，大家各就各位。我问其中一人我应该站在哪里，他带着一脸的嫌恶，用手随便指了指，说："那边。"我环顾四周，想看看别人都在做什么？然后我弓着身体，一只手抵着草地，瞪着我对面的一个孩子。另一队的四分卫大喊："冲啊！"比赛开始了。

我家里除了一位比我年长许多的哥哥偶尔露面外，就只有我妈妈、两位姐姐和我。虽然我没什么机会接触到有组织的运动，但我天生就是运动员。我经常在课余时间打橄榄球，而且打得极好，因此有人建议我加入校队。我根本不知道谁是教练，也不认识其他队员，但反正那天晚上我就跑到球场上去了。

"冲啊！"每个人都跳起来，开始发出吼声，然后推挡。我看到很多队员都倒了下来，但是我和我的对手表现得很好，我们互相推挡了一会，但双方气氛仍然友好。我记得当时我在想，橄榄球很简单嘛！我们又交手几次，每一次我们都互相推一推。没过多久教练就叫我回去坐冷板凳了，我一直不明白那是怎么回事，直到多年后我知道规则才恍然大悟。我根本不应该呆呆站在那里……我应该要设法绕过防守我的那个人，去对付那个带球的球员！

身为创业者，你很容易就跳进一个计划当中，但是如果你不了解游戏规则，就会损失大把时间和金钱。当事情不如预期，你可以欺骗自己，假装所做的一切都是为了让你达成某些目标。虽然你很努力而且做了很多事情，但这并不表示你就能更接近目标。你必须确定走的每一步，都让你更接近你想到达的终点。

在你开始之前，请遵循以下 8 条创业法则：

法则一：保持全职工作。

法则二：核子大爆发。

法则三：了解你的最优用途。

法则四：限制风险。

法则五：不断挥棒击球。

法则六：市场。

法则七：货币化。

法则八：拥有。

法则一：保持全职工作

第一条法则是，你必须遵循传统的财务规划，至少在创业有成之前必须如此。你要努力工作，努力存钱。你需要工作带来的稳定收入，你也许需要多一点钱才能开始创业。当你要转型成为创业者时，全职工作为你提供一张安全网。创业的乐趣多，潜在风险也高，没有致富的捷径（我把这类承诺留给“深夜一分钟致富”节目主持人去讲）。

善用另外8小时的专家

提姆·桑德斯改变了我的人生。他写了《爱是杀手锏》及《工作拯救世界》等畅销书。他永远是这么激励人心，让人感到春风化雨。读者要如何利用另外8小时为他们的人生带来最强烈的正面影响？以下就是他对这个问题的回答。

“不工作时，你应该用爱、知识和反省来喂饱自己。这就是我使用另外8小时的方法。我帮助身边的家人、朋友及陌生人，借此收集爱。我接收、消化能解决我自己及他人生命难题的知识。我投入我有能力做、有未来的工作。最重要的是，在另外8小时当中，至少要拨出1小时反思到底做了什么、未来要做什么，以及这一路上学到了什么。”

我岳母最近从芝加哥搬到南加州，她对于在陌生城市开车心存忧虑。在搬过去后的第一个星期，她自己开车出去，几小时过去了，我们开始担心了。我们知道她会没事，但我们怕她迷路，焦虑不已。最后，在太阳下山之后她终于回到家，说她找到一些可以逛逛的商店，玩得很开心。当我们告诉她我们非常担心她会迷路时，她大笑道：“我找到了‘回家’这个按键。”她的汽车导航系统可以设定家庭地址，因此不管她在哪里迷了路，只要按下“回家”那个按键，导航系统就会一条街一条街为她指路，让她一路开回家。传统规则就是你的“回家”按键。采用这些规则，你可以放心转个弯、走进漆黑的街道，因为你总是有办法找到回家的路。

法则二：核子大爆发

既然我们凭着传统财务规划能找到“回家”的路，不管在另外 8 小时要创造什么，我们都可以快速行动，在理想的情况下，能获得不成比例的成绩。简单来说，必须从投入的资源中获得高回报。

在你跳进新事业之前，重要的是要先自问两个问题：

1. 我要投入多少资源（时间、金钱和精力）？

2. 我可以从中获得多少（金钱、合同、信誉）？

一旦你能回答上述两个问题，就能判断这个项目值不值得你去投入。

<table>
<tr><td rowspan="4">付出努力</td><td>付出极大、成果极小</td><td>付出极大、成果极大</td></tr>
<tr><td>很糟</td><td>还好</td></tr>
<tr><td>付出极小、成果极小</td><td>付出极小、成果极大</td></tr>
<tr><td>很好</td><td>棒透了</td></tr>
<tr><td></td><td colspan="2">成果</td></tr>
</table>

付出极大、成果极小

任何需要付出大量时间、却没有潜力创造高额报酬的事业，都会落入这个“黑洞”中。如果你全速开动，却无法前进，这就是一份付出极大、成果极小的事业。

比如说，你花掉周末时间开车穿梭寻找可以在拍卖网站出售的小摆饰，这就是创业坏点子的经典范例。为什么？你花掉大把时间开车到处逛，讨价还价，从中赚得蝇头小利。你获利了吗？有，但是你获得的报酬远低于最低薪资。

善用另外 8 小时的成就

迈克·布鲁克利用 5 美元和另外 8 小时，改变了自己的人生。

迈克最热爱的事情是溜滑板和写作。当他仍全职担任影印机推销员时（他说他不太擅长做这件事），就开始经营一个网站，专门讨论滑板的大小事情。他最初的投资是一个月 5 美元，维持网页运作。他在闲暇时间撰写文章，回复电子邮件。

在推销影印机时，他曾和一位出版商客户谈到他有一个专门谈滑板的网站。对方问：“真的吗？我们正想出一本关于滑板的书。”接下来，他拿到了一份合同。在仍保持全职工作的同时，他把晚间和周末时间花在研究及撰写这本书上。这本滑板书销量上万册，还被改编成一部 52 集电视节目，他是制作人之一。

这本书出版后，出版社让他在杂志部门任职，同时迈克决定进一步扩大滑板网站。白天，他努力销售酒类杂志广告，晚上他则着手创办一本新杂志，介绍他的网站。

迈克说，在推销影印机的意外会谈后，他的成功就像滚雪球一样，越滚越大。他说："我现在觉得一切都很棒，我在家工作，一整天想的都是滑板的事。"

让人惊讶的是，人们很容易落入这个黑洞里，在这里你付出最大努力，在最好的情况下，也只能得到一丁点报酬。要像避开瘟疫一般避开这类计划，因为它们会抢走你的时间、精力和金钱。

付出极大、成果极大

你用力击球，可能击出全垒打，也可能被三振出局。你不是上天堂，就是下地狱。事情如果顺利，你会有那种你愿意为这份事业放弃一切的满足感以及一飞冲天的快感，棒透了。问题是，这里完全没有杠杆效应，而且如果你被三振出局，通常会带来严重打击。人们为了创业散尽家产，花掉好几年时间，最终仍失败了，这种事屡见不鲜。

如果你要在某个计划上面投资大量的自有资金，或需要辞掉全职工作才能开始创业，可能就掉进一份付出极大、成果极大的事业里。我有一个朋友，花了两年时间规划、成立一家水疗中心，她和丈夫事必躬亲，成立公司、确定公司位置、洽谈租约、购入产品、买保险及营销。他们自己担保贷款，牺牲和 4 个孩子共处的时间，创造出一家出色的企业，但是一直很辛苦。如果成功，他们知道每年利润可以达到几十万美元，但他们承认，如果早知道有这么多工作要做，而且会因为担心财务问题有这么多失眠的夜晚，可能一开始就不会去做。

付出极小、成果极小

如果想试试创业的水温，这是很安全的办法。读大学时，我曾经做过一段安利经销商。我无法形容我感受到的兴奋和激动以及我的前景和观点发生的转变。我从未上过商业管理或经济学课程，忽然之间拥有了自己的事业，我成为了一位企业家，感觉很棒。虽然我没有从这个事业中赚到钱，但是学到了很多。

你也可以做同样的事。你可以从"微创业"开始，学会你以后都用得到的技能。你可能会染上创业者狂热情绪，最后找到适合自己的方法，迈向付出极小、成果极大的创业方式。如果没有，至少你不用把全部时间和金钱一股脑都丢进里面去。

付出极小、成果极大

现在让我们好好来谈谈。这些都是有关杠杆和倍增的活动，最后的成果和你付出的努力不成比例。何谓不成比例的成果？1加仑（约等于 3.78 升）的汽油能让你跑多远？如果你开的是油电混合小车，或许可以跑到 40 英里。这很不错，但是我们可以做得更棒。比如说，如果那 1 加仑不是汽油，而是铀，又能带你跑多远？

1. 从洛杉矶到纽约来回 3.467 万次；

2. 环绕地球 4.1016 万次；

3. 从地球到月球来回 2619 次；

4. 从地球到太阳来回 19 次。

只要用 1 加仑的铀，你就能办到上述所有事情（计算如下：1 加仑的铀大约为 150 磅，1 磅重的铀产生的能量大约等于 100 万加仑汽油。150 磅乘以 100 万，等于 1.5 亿加仑的汽油。小型油电混合车用 1 加仑的汽油可以跑 40 英里，因此 1.5 亿加仑的汽油，可以开 60 亿英里）。

我把这种现象称为核子大爆发，从极小付出中得到最大成果；它的奇妙之处是善用杠杆。不要把我和那些电视台名嘴搞混了。“极小付出”并不代表你不用付出。除非你去买乐透，否则所有值得做的事，都需要你的努力和付出。核子大爆发很简单，就是要投入那些以最小付出牵引出最大潜力的计划。第八章会讨论一些创业渠道，比如说发明、授权产品或以服务交换公司股票等。

法则三：了解你的最优用途

房地产业有一个概念，叫“最优用途”（highest and best use，HABU）。建筑物会根据土地在最佳用途下可创造的最高价值被估价。比如说，如果有一栋坐落在忙碌街道上、与零售店相邻的二层公寓，评估人员会以地上物为商场的价格来评估，因为这栋建筑能创造出最高价值的最优用途，是开发为购物商场，而非普通居民楼。换言之，城市里其他类似公寓价值可能是 20 万美元，但投资者可能必须支付 60 万美元，才能取得这块土地用来兴建商场。

在利用另外 8 小时创业时，你必须把目光放在最优用途上，运用你独有的才华、技能和经验创造最大价值。很多人都因为工作上无法获得满足感而觉得负担沉重、了无生气，部分原因是他们觉得自己大材小用，觉得没有弹性，不能做他们最得心应手的工作。我们可以完成任务，但通常不会投入自己的核心优势。觉得自己大材小用的人常有一句抱怨的口头禅，那就是“如果我的老板让我去做……就好了”。

这就是为何在另外 8 小时里创业如此有趣的原因。

你拟出自己的工作职责，你是自己的老板，可以把精力放在你最喜欢、也做得最好的事情上面。所以说，有些人每周工作 60 小时、连续几十年，怎么都不想退休。如果做你热爱的事情，工作就不像工作。

在全职工作时间，你可能无法表现出最优用途的绩效，但是若要尽量提高成功的机会，并好好享受另外 8 小时，你就必须专注在能运用到你最佳、最独特才华的计划上面。这是显而易见的，对吧？

我一次又一次看到人们创业，投入和自身最佳用途八竿子打不着的计划里。他们只把精力放在能带来最高价值的业务上（也就是说，那些看起来赚钱最多的项目），却没有先想一想自己的最佳用处是什么。

你必须对你要做的事怀抱满腔热血，要不然在第一次遭受挫折之后，你就会举起白旗。你越热爱你从事的工作，你就会越坚强。还有，当你善用自己独有的性格特质和天赋时，做起事来也会事半功倍。如果你是半路出家，或者没有用到你的天赋，要成功就很难了。

脑科手术是报酬最高的手术之一，脑科医生平均每年赚 50 万美元。看看热播剧《实习医生格蕾》里的帕特里克·登普西（我太太很喜欢他），他的最优用途，是做一个货真价实的脑外科医生吗？不是，他在两集节目中扮演医生赚的钱，比真正的脑外科医生一年赚的钱还多！

你的最优用途是什么呢？有很多书籍和测试帮助你回答这个问题。马库斯·巴金汉写的《关于你的事实》是好工具之一。这套工具包含一本互动式的书及 DVD。他说，优势就是那些让你觉得更强劲的活动，劣势就是那些让你觉得更疲弱的活动。你可能从某件事情中赚了大钱，但如果从事这件工作让你备感疲累、油尽灯枯，那就不是优势，反而是劣势。马库斯的课程要求你写下一周来为你带来力量、让你感受到能量的活动，然后进行分析。接下来的那个星期，马库斯会要求你记录让你觉得衰弱的活动。完成作业后，你很可能到今天才知道，自己的优势和弱点是什么。这件事很简单，但影响深远。

等到你在第八章中读到各种不同的创业故事时，我希望你把注意力放在你觉得适合自己的项目上面，也就是那些最切合你的经历和兴趣的事业。不要因为你觉得最酷最炫或你认为最有潜力，就选了“最诱人”的那些项目。要诚实评估自身能力后，再作出决定。

法则四：限制风险

如果你可以一而再、再而三挥棒击球，永远不会被三振出局呢？这个概念就是我所谓的“打就对了”。

我的书桌上放了一个镇纸用的尺子，上面刻了一句话：“如果你绝对不会失败，你会做什么？”这个镇纸是传达正面信息的装饰品，几年后，我才明白这个信息错了。任何人都可能会因任何事而失败。比较正确、也比较有用的信息是：“如果你知道失败不要紧，你会做什么？”对我而言，这句话更实际，而且更有意义，这就是“打就对了”策略的核心：限制风险。

如果你开始创业，却未先思及风险也没有限制风险，可能会让财务陷于险境，甚至亲密关系也可能不保。这样的场景不断上演。某人想到一个好点子，和配偶商量要创业。他们两人都全心全意投入。两人均辞去工作，耗尽了他们的存款和投资。但是，创业还是失败了。现在他们没有工作，没有收入，也没有存款，无力支付账单，紧张气氛日见升高，压力不断升级，终于导致冲突和离婚。

如果你不限制风险，你原本想创造梦想人生、做自己的老板，到后来这变成一场梦魇。创业者不会冒着极大的风险，面临可能三振出局的风险，他们会限制财务上出现风险。你要控制你的计划，不要让一次挥棒落空而毁了你的一生。

以下是你可以限制风险的方法：

- 遵循创业者法则一：保持你的全职工作（至少目前如此）。在你晚上忙着挥棒击球时，白天拥有一份稳定且可预测的收入非常重要。
- 善用他人的才华：作为创业者，你应该争取他人的支持。有些服务供应商愿意分享你的事业未来收入而非直接收取现金，去找他们吧。跟你一样的人很多，大家都想在不用承担太高风险的前提下寻找往前跃进的机会。如果可以投资一点个人时间，而有希望获得大量报酬，任何人都会拥抱这个机会。

- 善用他人的钱：参考讨论常见问题章节中所提的建议，了解如何向天使投资人募集到事业需要的资金。
- 谈判时要坚定：作为创业者，你必须坚韧不拔地争取需要的资源。你没有 6 位数的宽松预算可供运用，你需要用最便宜的办法创立事业然后推动它。想尽量降低风险，那你什么都要跟人谈判：不要接受现状。一开始你会觉得很不自在，但要多练习。很快你就会发现，第一，几乎什么都能谈；第二，大部分人宁愿丢掉性命也不愿意谈判。学会有效谈判，是你能学到的最有用技能之一。
- 组成团队：如果你预算有限，降低成本最佳方法之一，就是组成一个由服务供应商组成的团队，而不是只和一两家企业合作。如果你自己能引进服务供应商，效果更好。你可能必须多牺牲一点时间，才能妥善管理你的团队，但是利用这种方法你能降低财务风险。
- 有限责任：如果你正在生产或提供可能遭起诉的产品或服务，必须先保护自己对抗可能的法律诉讼，先设立有限责任公司，并且投保适当的责任保险。不要什么都暴露在财务风险中。
- 下小注：在投资的世界里，每一个人都在谈风险承受度，这个指标，由你面对多高的损失风险仍能保持心神稳定而定。

知道自己的风险承受度有多高是一件好事，同样重要的是，要知道你承受风险的能力。

一切都和风险承受能力有关。也就是说，在不至于摧毁你的经济情况及支付房租的能力前提下，你能损失多少钱？你要从小规模起步，而且要慢慢开始。先投入一点点，获得一点点回报，再投入多一点，同时获得多一点报酬。

有几条准则可以判定你可以承担多高的风险。如果你目前正处于事业开始阶段，你投入的金钱不可超过年收入或者存款的2%。比如说，如果你年收入是3万美元，你最初投入的资金要限于600美元。

如果你通过初始阶段，就可以在你的计划中投入更多金钱，最多或许可以占到年收入或存款的5%。

原则是，万一创业不成，你不会陷入严重财务窘境。一开始创业要慢慢来，想办法让别人贡献他们的技能和服务，而且要进行试运行，然后再多冒一点风险。

- 砍掉损失：你要把已经没救的方案连根拔掉，才能活着度过明天；如果你发现投入到事业里的时间和金钱越来越多，而前景越来越渺茫，你可能走进了死胡同。

法则五：不断挥棒击球

创业者肯定要经历被三振出局的痛苦。你挥棒击球，但你也会落空，不管你有多少天赋或你听过多少激励光盘。但是，如果你坚信“打就对了”，挥棒落空就不是失败，而这也是关键所在，每次挥棒击球，都让你更接近击出全垒打。

如果多赚一点额外收入，就让你心满意足，一个副业可能就办得到；但你若要击出漂亮的全垒打，把经济状况提升到一个全新层次，就得要经常挥棒。你看到某个人享有令人称羡的财务成就，但你看不到他为了成功而挥棒落空多少次。你看到穿着时尚、造型完美、自信满满的超级名模昂首阔步走过来，你看不到幕后的一片混乱纷扰。

企图心最强的创业者时时刻刻都有两三项或更多计划同时在进行。即使你挥棒落空，我保证你能从每次创业中有所学习。你会学到东西、认识新的人，并用不同的眼光来看这个世界。这些经验加起来，最终会帮助你击出漂亮的全垒打。

就算你已经在一项事业里倾注所有的精力，还是要保持适应及改变的弹性。我见过太多人被一个计划绑死，不愿意改变方向(连稍微修正都不肯)，因为他们已经投入太多时间、金钱和精力，哪怕是丝毫改变，对他们而言都像是失败或放弃。有时候，最大成就来自于调整方向。比如说，1999 年，有一家叫皮拉实验室的公司开发出一套项目管理网络应用程序。在开发过程中，公司改变了方向，把它变成博客的后台程序。几年之后，他们就把公司卖给了谷歌公司。

法则六：市场

不管是音乐人制作唱片、作家写小说、程序设计师建造网站或发明家开发产品，都是最轻松的部分，难的是要让人们知道有这项产品，并且说服人们买下它们。

达夫妮有着出众的艺术天赋。白天她做着行政助理的工作，晚上则要照顾5岁大的儿子。闲暇时，她会为朋友和家人制作小饰品当做生日和圣诞礼物。多年来，她的朋友一直鼓励她出售这些饰品，但是一想到自己可能得辞掉白天的工作，去追求这个事业，她就信心全无。不过她和吹毛求疵的老板有过一次特别严重的冲突后，她决定奋力一搏。

她做了一批饰品。她的朋友们都很喜欢这些新设计，买下了好多件。他们说她应该扩大规模，达夫妮开始深信不疑。她又花了好几百美元建了一个简单的网站，以便从网上接收订单。几个星期过去了，连张订单的影子都没有。她觉得需要推出更多设计，因此又买进更多原料，花了几个星期时间设计制作更多首饰。她把这些东西放在网上。几个星期过去了，没有订单，几个月过去了，仍然没有订单。好几个月都没有任何订单后，她的信心连同银行存款一起泄了气。她关掉网站，把所有首饰丢进箱子里，锁进储藏室。

达夫妮的条件很好，她既有专业也有热情，她善用自己的优势和独特才华。她腾出另外8小时，把这些时间拿来创造作品，她的作品也很棒。到底是哪里出错了？光凭创造是不够的。许多创业家像达夫妮这样遭遇失败，原因就是他们陷入了一个陷阱，以为只要他们做出“作品”，不管是什么，总有客户争先恐后跑到他们家门口（或是网上）买东西。

创业者明白，除非大家都知道有这件东西，不然就算是最出色的产品也卖不好。当你创造作品却没有营销，成功的概率就像达夫妮能卖出躺在她储藏室深处那箱首饰的机会一样小。

法则七：货币化

创业者有两个目标：找乐子和赚钱。如果你想在另外 8 小时里利用一点时间来赚更多钱，就必须“货币化”：货币化只是一个花哨的字眼，也就是要把产品和服务变成金钱。

我见到最严重的错误是，人们花大把时间和金钱，把立意甚佳的创意做成无法换成货币的东西。看看影音网站上的一些影片，许多影片的制作都非常精致，剪辑干净利落，配乐动人，灯光恰到好处。要拍出这样的影片需要时间和精力。影片被点阅几十万次，或者博客拥有几十万忠实粉丝，早已不算什么。光靠名气无法让你买下一部新车。评论员、会员、读者、追随者或朋友不会帮你付钱买房子。太多人认为获得认同本身就是目的，但是对创业者来说，这不过是工具而已，只是拼图中的一角。认同或许可以变成网络世界的新货币，但是没办法拿来付账单。

对创业者来说，重点是要把钱赚进来！创造影片放在影音网站上、点阅次数超过 200 万次，的确很酷，但是你能不能再做得更好一点？当你发表新内容时，能不能在影片的开头或结尾放上你的网址，鼓励观众过来注册？要把创造变成金钱。

法则八：拥有

你替别人打工，你得到薪资报酬；你得到分红；你得到医疗保险；你帮助他们致富。除非你是一位明星运动员或娱乐圈大腕，否则你无法因为替别人打工而致富。真正的财富，来自于所有权。

比如说，美国著名嘻哈歌手柯蒂斯·杰克逊，不需要读商学院就了解所有权的重要性。《财富》杂志刊出一篇文章介绍他的一本著作，共同作者罗伯·葛林在文中说："他不在乎付款，他想的是能赚多少钱，他要怎样拥有公司或拥有股权。"

如果你希望用另外 8 小时开创新的生活方式，就必须把重心放在所有权上面。

要记住，你要布下安全网，要奋力一搏，要赌一把。你没有任何借口。

如果你觉得成为一位创业者挺有意思的，下一章将会为你介绍，让你用另外 8 小时赚钱的十大渠道。

第八章　创业者的十大渠道

如何赚到更多钱的指南

我们的人生总是排得太满、太复杂，让我们很容易被那些简单易读、承诺减轻生命重担的书所吸引。道路越崎岖不平，人就越去寻求仙丹妙药。结果是，我们被这些灵药、特效药许下的承诺给绑住了。

这些“速食解决方案”承诺帮助你富有，但没有提供太多实质内容。这类解决方案可能短期有效，但是你无法长久自欺欺人，现实总会再度耀武扬威。你不应该继续被它们欺骗。

如果你已经准备好要动手去做，作为创业者，你有无限的方法可以善用另外 8 小时多赚点钱。本章提供 10 种不同类型或者渠道的创业概览。你可以利用这一章来收缩范围，找出你可能适用的一两种渠道。

其中有些渠道可以将你的经济状况提升至全新层次，有些则能帮你付清债务，或让你度一次完美的假期。这些都不是速食解决方案，所有的方法都需要你付出时间和努力。你如何选择，取决于你的财务目标、可用时间和自信心。

身为一位创业者，你可以运用另外 8 小时出售你的想法、产品或时间：

想法

1. 经营博客；
2. 发明；
3. 出书、写剧本、创造音乐。

产品

4. 开办公司；
5. 经销、策略联盟、授权；
6. 网络营销。

时间

7. 以服务交换公司股票；
8. 推进事业发展或大跃进；
9. 成为自由职业者；
10. 把闲暇爱好变成收入。

渠道一：经营博客

有没有什么事让你感到满怀热情？你热爱写作吗？你会不会每周特意花几小时写东西？若是如此，经营博客可能就很适合你。

如果你有话要说，你可以简单快速地开一个博客，开始写作、经营。只要花大约 3 分钟，你就可以拥有自己的博客。就像开一瓶香槟这么快？没这么容易。张三、李四都可以变成经营博客的作家，要从经营博客当中赚钱，可是一大挑战（但并不是不可能）。事实上，以经营博客维生的人几乎和律师一样多，从经营博客赚得主要收入的美国人，比担任电脑工程师、消防员甚至调酒师等工作的美国人还要多。每一个主题都有成功的博客，内容从新玩意儿到园艺、风水，包罗万象，但如果你想要从经营博客中赚钱，你必须遵守一些规则。

善用另外 8 小时的专家

赛斯·高汀写过无数畅销书，包括《一呼百应的力量》、《让产品自己讲故事》、《许诺式营销》等书。读者要如何利用另外 8 小时，才能为他们的人生带来最强烈的正面影响？以下就是他对这个问题的回答。

“若要做一件事来改变你现在的工作，那必须是完全不同的东西，因为你已经试过其他的做法，这些都不怎么样，对吧？因此，我的那一件事便是开始经营博客。每天少看 30 分钟的电视，改成用来写作。”

规则

1. 创造有价值的内容：这是头号规则。你若要吸引并留住访客，就要为他们提供有价值的内容。如果网络世界里只有两个博客，你可能靠蹩脚的内容就能招来人群。但是网络里有太多博客，访客很容易一进来就离开。你的内容必须值得一读。

2. 有特色：为了提高成功机会，你经营的博客内容必须特色鲜明，而且不是其他千百万博主早已写到烂的东西。你必须找到能脱颖而出的东西来写。比如说，看过金球奖颁奖典礼之后，丹尼尔·费德兰就灵机一动，成立了一个关于怀孕名人的博客。她这个特殊的博客吸引了许多广告商。如今，她的博客已被纳入一本杂志旗下。

3. 找出普遍的市场：你需要有特色，但你的主题也必须很普遍，才能招徕访客并赚到钱。经营一个谈收养印尼自闭症儿童的博客当然非常独特，也可能是你的兴趣所在，但是就算你的市场占有率达到百分百，还是赚不到足够的钱去支付每月的网站主机托管费。

4. 要有主见：不管你是在经营博客、发表演说或是登上全国性的电视节目，你都必须选定一个立场，提出自己的意见。没有人想听"一方面……但从另一方面来看"这种保护自己、双面讨好的话。你必须清楚坚定地分享并捍卫你的意见。说穿了，决定你的博客成败的因素，不过就是你这个人和你的意见而已。

5. 要表现个人的那一面：好的博主必须放开自己。博客必须像朋友之间的对话，而非新闻报道。你的读者会想要认识你这个人。你要帮助他们挖掘你这个人，分享你的个人故事、挑战、失败和成功。我发现有太多人希望给人留下完美印象，但是当你在经营博客时，这种做法是无效的。读者能和"真人"（那些承认错误并且努力面对挑战的人）建立更密切的联系，而不是去和完美先生、完美小姐互动。

6. 创造品牌：品牌，是让人们仅闻其名就会勾起情绪反应的名称。你不用很出名也可以拥有自己的品牌。你必须精心创造自己的品牌，并向其他人沟通传达这个品牌。在你创建第一个博客之前，要先审慎决定你的品牌要变成什么样子，并且要确定每次你贴在博客上的文章，都能强化这个品牌。
7. 全力营销你的博客：你必须把口碑传出去，这样才能提高流量并培养出忠诚的跟随者。请见以下的“秘笈绝招”部分，找寻相关建议。
8. 建立多重收入来源：广告是赚取收入的好方法，但是千万不要把广告当成经营博客赚钱的唯一渠道。最成功的博主不会只仰赖一种收入来源，他们会精心创造自己的博客，在博客中生出多种收入来源。

把你的博客换成货币

- 广告营收：你可以利用 4 种方法在网站中展示广告，以赚取收入。

1. 每次放置付费：你可以在自家网站上放广告，只要放置广告就收费。这是很轻松的方法，只要有人点进来看你的网站，你就能赚钱。有越多访客表示你能获得越多广告，也就等于你能赚更多钱，简单明了。
2. 每次点击付费：有些广告主的付费方式是，只有拜访网站的访客点选广告时才付费。所谓每次点击付费的广告，是每当有访客点击放在你网页上的广告时，广告主就会支付你一笔费用（通常为 5 ～ 50 美分），每次点击付费通常会比每次放置付费的报酬来得好，但是这里有风险。如果没有人点击广告，你就什么都赚不到。唯有当你的广告符合访客的兴趣时，每次点击付费的方式才能生效。如果你的博客主题是素食主义，却为牛排店大打广告，很可能根本没有任何人会点击。

3. 每次行动付费：还有一些广告主，他们不会因为有人看或有人点广告就付你钱，但是如果有来自你网站的访客完成了某项行动，他们倒很乐意付钱，比如说购买产品、注册、参与调查等。如果你的访客不是行动派，到最后你可能只落得无法赚到一毛钱的下场。
4. 赞助：你不提供随机广告的服务，反而是在某一段时间内把广告空间卖给某家公司。

- 捐款：会有人因为喜欢你的博客就付钱给你。史蒂夫 · 帕佛里纳是一位广受欢迎的自我提升励志博客博主，他说他的第二大收入来源便是捐款。但是如果你不开口，就不会收到捐款，因此一定要确定在博客中放了“捐款”的链接，让你的忠实粉丝很容易就寄支票给你，或是通过网络账户捐款给你。
- 产品：如果你深爱某项产品，想要向全世界好好宣传一番，博客正是最适合的平台。如果你想把收入推到新的层次，而且找到一项适合用来经营博客的产品，你可以去争取授权、大批购买，然后零售销出，或者自己创造一项产品。你可以想想看，哪些你钟爱的产品可以放到博客上销售。这应该是你认为访客会喜欢的产品，而且也切合你的博客风格。然后，你要让访客轻轻松松就能从你的网站上买到这些产品。

- 策略联盟：如果你不想创造自己的产品，也不想处理买卖、运输的麻烦事，有一个非常简单的解决方案，就是加入策略联盟。利用策略联盟，你可以链接其他网站的产品，每次访客买东西时，你就会收到报酬。通常你会收到售价的一定比例作为回报。访客花越多钱，你就赚越多钱。比如说，你在博客上提到一本书，然后和亚马逊网络书店相链接，只要你的访客点击链接并买下这本书，你就可以赚得佣金。
- 电子书：如果你经营博客，那么你很可能喜欢写作，有话要说。虽然你无法利用博客收取会费，但你可以创造和博客内容相关的电子书，从中赚钱。比如说，如果你写的内容和健康及健身相关，你可以写一本如何利用新式健身及营养规划、在两个月内减掉 10 公斤肥肉的电子书。内容要简单，定价要便宜。你可以针对不同的价格测出不同的阅读率，直到你找到最佳售价为止。
- 写书：如果你的事业心强烈，你可以写一本书。许多受欢迎的博客博主都这么做。
- 演说：博主可以在自己的领域内成为大明星，愿意这么做的人很有机会靠着演讲赚大钱。而且如果你喜欢旅行，你的机票、住宿和餐饮全都有人赞助。公开演说让你神经紧张？在另外 8 小时中挪出一部分时间，参加演讲培训，学习演说艺术。一旦你觉得自在了，可以再加入专业讲师协会，争取公开演说的机会。当然，一定要在你的博客上加入“专题演讲人”的链接，你的访客很可能会和你联系。

- 付费评价：如果你培养出一群忠心耿耿的追随者，可能会有公司付费聘请你针对他们的产品撰写评价。有些博主会贴出这些评价，但隐藏他们通过写评论收费的事。我认为这是惹恼读者，让他们完全失去对你信任的大好方法。如果你决定收费撰写评论，放手去做，但从你开始收费的第一天就要告知读者。不要乱捧蹩脚的产品。如果你这样做，或许可以很快赚到一些钱，但你一定会失去读者，败坏自己的名声。

秘笈绝招

- 创造一个完整的网站：当你刚刚起步时，随意经营一个博客，简简单单维持下去是可以的，一旦你认定经营博客是你的创业渠道，就必须思考得更多。因此我不建议使用普遍的免费博客服务，当然这是免费的，但是猜猜看是谁赚到广告收入？没错，正是这家公司。你要选择低成本的主机代管，让你能够掌控广告。
- 电子报：你需要一份电子报！有些博主对这项建议嗤之以鼻，觉得根本没有必要。“我一星期可以在博客发表好几篇文章，干吗还需要通信月刊？”答案很简单：为了拿到电子邮件地址。电子报给你一个收集访客电子邮件地址的正当理由。如果他们不主动来拜访你的网站，你还是可以和他们进行沟通。在你的首页上方及每一个页面都要加上“订阅电子报”的选项。鼓励访客订阅电子报的另一项策略，是在网页上跳出订阅电子报的对话框。

- 经营博客联播网：这是为你的博客引来更高流量的杀手级策略。博客联播网可不只一个网址清单而已，反而是像一本有编辑、主题、版本、作家及文章构成的杂志，只是这本“杂志”的内容是由主办者收集的不同博客博主的博客文章构成。如果你有自己的博客，你要做的工作就是把你的博客送进符合主题的博客联播网里。
- 经营多个博客：一对一仅适用于婚姻，同时经营几个主题不同的博客是没问题的。如果你有时间投入，我会建议你放手去做。如果你刚刚开始涉猎，先把重点放在一个博客上试行几个月，而当你清楚该怎么做了之后，就可以建立更多博客，借此赚进更多收入。
- 要持续且有耐心：成功的博客不是一天造成的，需要经年累月创造。你要不断经营，并吸引读者。不要期待一夜之间出现奇迹。有些最优秀的博主一开始进度非常缓慢，但他们持之以恒，现在都拥有广受欢迎的博客，并借由做自己喜欢的工作赚进 6 位数美元的收入。

不是每个人都适合经营博客，但是如果你喜欢我刚刚提的那些东西，放手去试试看。你没什么可损失的，但收获可能非常大。

渠道二：发明

你是否曾说过“好几年前我就想过了”、“我为什么没有想过这一点呢”这些话。若是如此，发明可能正适合你。发明者渠道是杠杆作用最高的渠道之一，也是我创造出“核子大爆发”一词的背后原因。这是世上唯一让你可以冒少许风险就将经济状况带入新层次的创业者机会。

发明最酷的一点就是每个人都办得到，发明需要的只是一个想法而已。你走进任何商店，放眼所及的任何一项产品，均是从点子开始。点子既价值连城，却又毫无价值，所有的好东西都始于好点子，但一个好点子只是一个起点，真正的秘诀在于行动。

你见到商店出现 3 年前你就想过的产品，一定会感到万分沮丧。当你发现简单的发明居然可以赚进百万美元的时候，肯定会有所触动，这条创业者渠道正好可以提供给你机会。谈到简单之至却又巧妙无比的发明，有一项经典就是 jibbitz 鞋扣，是各式各样小小的塑胶装饰品，可以贴在 Crocs 鞋子上面。每次看到女儿的 Crocs 鞋，我总会想到它们的发明者，谢瑞和她的丈夫瑞奇。他们在家中地下室创业，到最后用 1000 万美元把发明卖给 Crocs 公司。如果这家公司的销售量能达到一定的业绩，他们还可以再获得 1000 万美元。

发明者渠道会告诉你，要做哪些事才能把点子变成产品，但是当你在创造产品时，必须自己决定要走哪一条路。

1. 成立公司销售新产品：你创造产品、制造产品并自己销售产品。这条路牵涉到很多工作，但你不必和任何人分享利润。
2. 出售你的点子：你想出点子，做出一个原型，然后把这个点子卖给别的公司。你去兑现支票，然后继续你的生活，那家公司则按照他们的构想来运用你的点子。
3. 授权：你想出点子，你做出原型，然后你把点子授权（出租）

给其他公司。这家公司，也就是所谓的制造商，可以是生产少量产品的小规模公司，也可以是大企业。这家公司负责制造产品、申请专利，并且销售产品。基本上你可以先收预付金，并按销量收取一定费用。

我会把重点放在授权上面，因为这个方法可以提供最大的杠杆作用，而且最容易执行，风险也最低。

规则

1. 不要和你的点子谈恋爱：请和你的配偶长相守，不要爱上你的发明。当然，我希望你抱持乐观的心情，积极思考你的点子及它的潜力，但不要让感性蒙蔽你的思考，你要保持头脑清醒。当你恋上点子或产品的那一刹那，你就放弃了掌控权。当你热恋时，你会做出平常不会有的举动。你会在产品上投入过量的资金，你可能会投入过量的时间。爱你的点子，爱你的产品，但不要和它谈恋爱。
2. 事前研究，避免事后受罪：要进行研究，代表你必须花时间上网搜寻、到商店去看看现有的产品，或是你必须进行专利搜寻。因为就算你没发现市面上有任何类似产品，但可能已经有人先取得专利了。开发一项已经有人取得专利权的产品，既浪费时间又浪费金钱。
3. 制造商是你的客户：你的工作是要把点子推销给制造商，他们的工作则是要把产品卖给消费者。你怎么向制造商推销？让他们相信这是一个很棒的点子，市场上有很多买方，他们能从这个商品中赚大钱。

4. 必须是一个可行的点子：这代表你的点子必须有设计周全、已证明可以发挥功用、真正具备超越既有产品的优点，而且能为制造商带来高额利润。
5. 进行独立分析：好朋友和兄弟姐妹可能很喜欢你的新点子或产品，但在你决心投入大量时间或金钱之前，先请一位独立审查人进行审查。有很多独立审查人可以分析你的点子或产品，并能以不到200美元的价格为你提供一份书面分析。
6. 收到预付金：当你和制造商签下授权合同时，要确认你能收到预付金。这是一笔事先支付、不退还的金额，而非未来的权利金。如果你没有收到预付金，对方可能想搁置你的点子。若对方签给你一张数字可观的支票，代表他们急于把产品推入市场。
7. 签署保密协定：之前说过，要签署保密协定。这种协定可以保护你，以免别人盗窃你的点子。多数制造商都有自己的保密协定格式，如果没有的话，你要确定自己有。

秘笈绝招

- 先关注问题：这是关键。如果你正想要找到新点子，先想想问题。某些最出色的产品就是为了解决问题应运而生的，因此花时间关注解决麻烦，你可能会在这里挖到金矿。
- 在家中、工作场合中找点子：专注在你知道的事情上面。你能在这些领域想出最棒的点子，是因为你本身就是一名消费者，你知道什么东西有用及市场需要什么。

- 找到可以代表你的经纪人：少了经纪人，你就得自己想点子、创造原型、打电话给企业安排会面及谈判交易内容。这些东西加起来虽然比你自己开公司、制造和销售产品来得容易，但仍牵涉到很多工作。如果你聘请一位经纪人，这位经纪人就可以联络有兴趣的企业、到各处去拜访并替你交涉合同。当然，这些都要你付出金钱才能办到。如果你在一个没什么竞争对手的行业中想出一个点子，你可以轻易地找到有兴趣的公司并和他们会面，那就不用找经纪人。反之，如果你的点子是新玩具或家用消费品，请审慎考虑聘请一位经纪人。这类行业竞争激烈，买方也习惯和经纪人接头。如果经纪人和这些企业签有合同，可以为你省下大把的时间和麻烦。
- 不要相信发明营销公司：你从广播中听到及在深夜电视节目中看到的，都是发明营销公司的广告——他们不是经纪人！他们鼓励你说出你的点子，答应替你争取专利，把你的点子推销给企业。他们没有提到提供服务的成本：大致介于1万美元到1.5万美元之间。这些企业从手续费中牟利，而非权利金。有没有正派点的公司？或许有，但是一般的规则是，避开这类公司。
- 使用简单的产品原型：原型有两类：简单的产品原型和复杂的原型。如果你要开一家公司，并自行制造产品，你就需要复杂的原型，这种原型具体、精致而且昂贵。如果你要把产品推销给想要你的点子的公司，他们能够看到、摸到你所讲的东西就可以了。你的原型不用达到完美的境界，甚至不用具备完整的功能，最终的生产版本会有你希望有的全部附加功能。简单的产品原型已经足以用来推销产品。

- 和机械师而非工程师打交道，借此节省成本：如果你心细手巧，也许有办法自己做原型，若是你像我一样碰到机械就头大，可能要把这项工作留给专业人士。工程师专业度较高，因此要价较高。如果你的点子不是太过复杂，可以考虑机械师。通常机械师可以替你创造出色的原型，而且成本比你请工程师要低得多。
- 利用软件：要把点子转化为原型作品，最快速的方法就是借用软件。利用特制的 CAD 绘图软件，你可以下指示告诉电脑你要什么，电脑读取指示，创造出真正的三维实体模型。
- 面对面和决策者会谈：如果你不想通过经纪人安排会面，不要胆小到光用电子邮件或是实体邮件把你的点子寄给可能的买主。如果你希望找到向你购买授权的公司，你必须定下会面时间，亲自向他们介绍你的产品。
- 取得暂时专利：专利是一种发给发明人的权利，防止他人创造、利用或销售类似的发明。专利权会保护你的点子，让其他企业不能在未支付权利金的前提下仿冒及销售。一般要获得专利要花掉 1 万美元、1.5 万美元甚至更多。你当然想要保护点子，但是谁有 1.5 万美元可以拿来烧啊？有没有解决方法？你可以申请暂时专利。之前提过，大约只要 100 美元（前提是你自己申请），你就可以保护点子，并且宣告你的产品“正在申请专利”。一旦你提出暂时专利申请，就有 12 个月时间去申请正式专利。你这样做就是在替自己争取时间，同时保护发明。

- 撰写一份两页的商业计划：这份计划不需要任何花哨的东西，只需要用一两页的篇幅来说明产品的特色、益处、市场规模、包装概念、生产说明、生产成本及预期售价。你可以提供给有兴趣的公司。

渠道三：出书、写剧本、创作音乐

你是否想写一本畅销书？你是否想象电台播放你的音乐？你想不想把你的剧本卖给好莱坞的电影公司？努力不懈，加上一点运气，再遵循下列这些规则，你会更接近你的目标。

规则

1. 避开骗子：每个行业都有吸血鬼，但是在这条创业者渠道中似乎特别多（第二名则是发明家渠道）。这些人会抓住你的不安，答应为你带来名气和财富，然后骗走你的钱财。你要怎么样才能避开他们？你得假设每一个和你接头的人都是骗子，想要从你那里把钱骗过来。太严苛了吗？我知道，通常我也不会这么严厉，但是请你千万小心，不要掉进他们的弥天大谎里。请善用下面的第二条规则（人脉），去找一位身在业界、值得信赖的朋友（也就是说，他本身也是曾经被骗过的人），让他帮你识破骗局。
2. 人脉：如果你把目光放在这条创业者渠道上，你必须花点时间经营人际关系。认识你的人会比陌生人更快为你把门打开。当然，门打开了，你自己要拿得出东西来。有时候连要敲开门都充满挑战。这也就是为何花时间去认识圈内人那么重要。你应该去参加研讨会、贸易展及各种行业活动，你必须勤加联系，结交朋友。

3. 创造后援团队：这条创业者渠道竞争激烈。不管你多么有才华，必定要遭遇拒绝。事实上，你可能经常被拒绝。一阵子下来，这些负面感受可能会伤害你的乐观进取和自尊。为了能继续前进，你必须要有亲密的朋友、家人及任何能在你需要时为你加油打气的人。在你第十次被经纪人拒绝之后，你可能很容易就放弃了，此时你就需要后援团队替你打气，提醒你，你是多么有才华。
4. 接受教育：创业者必须机巧灵敏，是能对抗各种难题的忍者。为了磨炼各种忍者技巧以达尽善尽美，你必须去学习。不知道怎样找经纪人或撰写新书提案？去买本书（我就是这么做的），花上10美元，两小时之后，我就了解了写新书提案该知道的一切。
5. 销售、销售、销售：胆小、不敢面对拒绝的人的想法是，如果我有才气，大家就会买我的东西。如果你没有规划好营销，没有努力销售你的产品，那根本就不要创造。我是说真的。用你另外8小时去做别的事，找点乐子吧。如果你根本不想去销售，那就根本不要浪费时间创造。

秘笈绝招

- 出书：如果你想出版一本书，你可以和出版商签约，把你脑中的书变成商店架子上的书。要获得出版合同并不容易，你需要有经纪人（光是找经纪人就够难了）、完整的新书提案、市场，还要有很多运气。如果你真的成功了，你可以获得预付金，而且出版商会支付一切费用，包括编辑、设计、印刷和营销。好的出版商和大型书店、书评人和媒体联络人都有往来。

- 写剧本：我在洛杉矶住过 10 年，我不属于演艺圈，也对写剧本缺乏兴趣，但却经常读剧本，感觉多数剧本都很无趣！读剧本简直是苦差事。

  好莱坞是一个很紧密的社群。你若想把自己的剧本推销出去、拍成电影，唯一的渠道就是找到适当的人读你的剧本。写一本让人欲罢不能的剧本，并尽量送给别人去读。这表示如果你想成功，你必须经营你的人际网，而且要更加努力，花更多时间。可能的话，你也要出手相助，你能为别人开启更多扇门，才能获得更多成就。

  有一个小绝招：先找个经纪人，让他把你的剧本送给演员、导演或是制作公司。不然他们会拒绝你的送件，弄得你看起来像是业余的蹩脚货。在撰写出绝世大作之后，你唯一要做的事就是去找个经纪人。

- 创造音乐：现在是最好的时机，也是最坏的时机。对于想要沿用过去 50 年的老方法来销售唱片的固执音乐界老一辈人来说，现在音乐界已经没这么好做了。但是，对于知道如何通过网络及传统渠道来推销自己的音乐鬼才来说，现在正是音乐行业最美妙的时代。音乐是媒体不可或缺的一部分，不管是新媒体或旧媒体，音乐人有太多过去没有的机会。

善用另外8小时的成就

加布丽埃勒和斯蒂芬拥有并经营一家有声书录制与制作公司。她们习惯长时间待在办公室里，但在另外8小时里，通常又会另寻其他有创意的事情做，比如说去表演。有一天加布丽埃勒想到一个点子……我们来拍部电影吧！于定她们就去拍电影了。

在每个人都说要拍电影但少有人真的做到的洛杉矶，她们要怎么样做呢？她们得有创意。她们没有去追求私人投资者或向电影公司要钱（这是其他人的做法），反而从公司既有的有声书大客户下手，向他们拉赞助。然后钱就滚滚而来了吗？并不是这样。但是她们没有因此却步，她们缩短了片长并删减预算，但仍然没有资金进来。

找企业赞助是个好点子。她们提出的方案接近于零风险。她们拨出时间，为最大的企业赞助人制作一套精心编辑录制的有声书，让这家公司可以轻轻松松弥补投入资金。这样资金就进来了。

加布丽埃勒和斯蒂芬相信要冒险。斯蒂芬开玩笑说："如果你不做提心吊胆的事，你已经拿到自己的墓碑了。"当你想找投资人或合作伙伴时，学学她们的方法，尽量让你提出的方案接近于零风险。

她们最终制作出了影片《递送》，并屡获大奖。

既然任何人都可以录制、推销自己的音乐，你的作品一定要与众不同。你的东西必须独一无二而且够出色，才会有歌迷喜欢它、谈论它。你要竭尽全力写出最好的作品，并且确保得到最出色的制作。但你要怎么样才能找到歌迷？如果你认为某个场合有助于接触目标群体，只要所在的地方允许，尽量经常现场表演，就算没有人付钱也不要紧。尽量走出去，演出、演出、再演出。这样做会出现以下两种情况：要不然就是你开始吸引到一些歌迷，要不然就是没人理你。

在另外 8 小时中拨点时间出来练习音乐，但也要投资时间去学习音乐行业里的商业知识。和其他人结成同盟，从他们身上学习。研读商业书籍，去上点这方面的课。去找一位导师，最好能找到一位交友广阔且备受尊崇的经纪人帮助你。警告：千万不要事先预付任何款项给经纪人，其收入应该来自他们负责的商业交易（通常都是 15% ～ 20%）。

渠道四：开办公司

也许你有个好点子，想借此开办公司，开发服装生产线、创建网站或是研发应用程序。开办公司要付出大量时间和精力，但是让人非常振奋，也会扭转你的人生。开办公司收获极大，你若想尽量减少风险，请依循以下规则。

规则

1. 从小做起：这是所有创业者都通用的主题。我不希望你承受太大的风险。如果你把所有家当都拿来赌设计处女秀，但是全世界没有一个人喜欢，那你就出局了。从最小规模开始创业。不要一下子推出12种不同的项链款式，反而要把目光放在你最拿手的一两项设计上面。如果这一两项做成功了，你就能争取到必要的时间和金钱去扩展规模。

2. 研究并测试产品：你必须培养爱研究的心态。然而，因为以下两个原因，对于多数有创意的人来说，研究都是很困难的。首先，他们觉得如果接受回馈意见，就等于背叛了自己对创意的忠诚度。其次，当你在销售自己创造的产品时，你就是在暴露自己，而大多数人都很脆弱，希望尽量免遭批评。我完全了解，因此从你信赖的人身上寻求回馈意见是非常重要的。去咨询会说实话但也支持你的努力的朋友。

   只要几百美元，在一天之内你就可以利用Google关键字广告测试任何产品。如果你有一个新式腹部健身机器的好点子，你可以利用绘图软件设计出你的产品，上传到某个网站上，用Google关键字广告测试，看看有多少人会点击你的广告，然后点下“购买”。如果有很多人点击但没什么人购买，你可能得作出些改变。

3. 判定最佳价格：用不同的定价策略试试看，看看竞争对手的价格，看你的产品定哪一个价格最好。

4. 接受教育：你可能是时装设计师，要创造一条成功的服装生产线，你就有非常多设计之外的工作要做。你必须懂会计、营销、写作、经营网络和其他林林总总的事。即使你有合伙人或是计划聘用顾问，你都要接受足够的教育，让你至少有能力评估不同的营销策略。

创业者必须足智多谋。我太太开始经营她的服装生产线时，我们对服装行业根本一无所知。我们去参加贸易展，和行业里的人聊天，越聊越多。一个星期之后，我们懂了95% 关于采购的知识：去哪里找布料、用哪一家染色工厂、去哪里找标签、哪一家的绢印做得最好。我们大概一周就掌握了一些必备知识，而这些都是通过参加贸易展及和人聊天得来的。

5. 销售、销售、销售：你要花很多时间去思考，如何营销及销售你的产品，花的时间要和设计及创造不相上下。我会买营销好的二流产品，而不是营销差的一流产品。我知道这样做不公平，产品的成败应基于这个东西有多好，而不是包装得好不好。但各位，我们生活在时下的文化当中，人们越来越懒于在成千上万的产品中挑选、比较。你应该发展出一套打遍天下无敌手的营销策略，到市场去销售、销售、销售！

秘笈绝招

- 咨询专业人士：通过非正式的面谈，去找业内专家寻求建议。研究行业内谁是呼风唤雨的人（但不要亦步亦趋、追踪偷窥），请他们为你拨出 10 分钟的时间。想办法获得面谈机会，告诉他们你正要创业，希望能请教他们几个问题。在面谈之前，你要确定已经找到几个和主题相关、但无法在维基百科上找到答案的犀利问题。你面前站着一位专家，你要问专业的问题。善用这段时间，尽量提出和产品相关的问题。在面谈结束之前，问他们能否推荐其他人和你谈一谈。

- 零头广告（remnant ads）：零头广告是指杂志、电台或电视台没有办法出售的广告空间或时段。你可以把零头广告想成飞机上的空座位。不管有没有空座位，飞机都得起飞，因此航空公司可能会以任何他们拿得到的价格卖掉这个空座位。创业者可以在最后一分钟冲出来，用很低的价钱买下广告空间或时段，有时候甚至比正常价格低了75% ~ 90%。你必须随时准备好出手购买，要有几个随时可以登场的广告。
- Google 关键字广告营销：之前我谈过如何运用 Google 关键字广告来测试点子或想法，而当你检测过想法并找到一项你想要销售的产品后，你可以再用一次 Google 关键字广告，但这一次是为了找客户。Google 有一套使用方便的工具，可以让你键入搜寻条件，这套工具会告诉你，每次点击大概要花多少钱以及你可以预期一天会有多少人次点击。
- 媒体新闻稿：你要替公司或产品作宣传，设定目标群体的广告适合用来争取主动积极的客户，你刊出广告，也许就能因此卖出一份产品。然而，另一种宣传则是能创造更大利润的武器。你应该每个月发出一份媒体新闻稿（假设你有值得报道的新东西），或者如果你是科技鬼才，也可以自己写网络新闻稿。这些东西和你父辈时代的新闻稿不一样，这是新一代的新闻稿。传统新闻稿会说“请读我”，社交媒体新闻稿则会说“请使用我”。

渠道五：经销、策略联盟、授权

如果你既没有创意又对生产自己的产品缺乏兴趣，你可以通过销售他人的产品来赚钱。你有三个选择：

1. 经销：身为经销商，你购买产品，往上加价，再出售给消费者获利。比如说，你可以向制造商购买T恤，然后在你的网站上销售。优点是你可以掌控加价程度，但是你必须先付钱买产品，最后可能会因为产品卖不出去而烦恼。身为一销商，你还要负责运送、退货、信用卡欺诈及客户服务种种事宜。
2. 策略联盟：当你参与策略联盟时，就变成替买方联络卖方的中间人。你可以针对产品或服务来建立策略联盟。你不用控制价格或加价，你只收取佣金。优点是你不用存放货品、运送产品或是客户服务等事宜，这些工作都由销售服务或产品的公司来做。
3. 授权：授权比经销和策略联盟更复杂些。当你获得某项产品的授权时，相当于你租下了一项受到法律保护的产品，也就是受到商标权、专利权或著作权保护的产品。在讲发明渠道时，我曾经从发明人（授权人）的角度来谈授权，现在我们则要从被授权人的角度来看。授权能为你创造大量收入，大幅超越其他两类选择。

规则

1. 坚守你熟悉的领域：如果你是科技狂，就不要想着去卖时装。坚守你熟悉的领域才能判定什么是好产品，适当的价格点又在哪里；因为你已经是市场的一部分，你也更熟悉市场，知道消费者要什么。还有，由于你是业内人士，你可以撰文讨论，用更出色的方式来完成销售。

善用另外8小时的成就

尼克·洛珀26岁，他经营一个鞋类价格比较网站，并加入了策略联盟。他的网站让消费者可以搜寻鞋子并比较零售价格。他从网站销售的鞋子中赚取佣金。

还在上大学时，尼克就开始以非常小的规模创业，毕业后他做了大部分的人都做过的事——找了一份工作。他一开始在福特汽车公司工作，随后觉得这份工作无法带来充实感，他也没有动力去爬企业的升职梯子。当他还保持全职工作时，晚上都会待在公司里，一周投入10～20小时去创业。

尼克并非大胆的冒险者，他说："在还没能持续获得足够的月收入之前，我不会把工作辞掉。我上班时间比必要时间多了18个月，这都是为了安全起见。"

他一开始的目标是一个月赚200～300美元，公司2009年营业收入预计达到35万美元。对于任何想自己做老板的人，他的建议是："如果你有个点子，你就应该动手去做。"

2. 在你投入之前先试试市场水温：在你买下一堆货品之前，

要先确定你的产品卖得出去。很多创业者的车库里堆满了产品，就是因为他们一开始没有先测试市场。利用 Google 关键字广告试试看，想办法把你的产品卖给当地店铺。反应如何？有人喜欢吗？如果没有，去找其他产品。

3. 从小规模开始：你要从小规模开始。只订购你需要的量，不要多买。如果你的东西随即就销售一空，那就再多订一点。如果你的销售对象是反复无常的消费者，他们喜爱的时尚风潮来来去去，风格和兴趣快速变化，就不要让你自己被过时的热销产品绑住。生产这类产品的企业也不笨，他们玩这场赛局的时间比你更长。如果他们给你优惠价格，叫你买下一大堆产品，要小心他们是在清货，以便转往下一项热销产品。
4. 谈判：好交易和精彩交易的差别，取决于你的谈判能力。要努力去谈判，一直到你得到想要的东西为止。如果对方不肯谈判，另觅其他产品，不要把时间浪费在顽固的企业身上。
5. 找参考：找找公司的经销商及被授权人方面的信息。有多少经销商和被授权人？经销商或被授权人平均买多少产品，如何销售产品？他们的经销渠道是什么？他们加了多少价钱？公司通常很乐意为你提供这些信息，因为这可以帮助你成功销出他们的产品。
6. 建立名声：如果你正在谈一份独家授权合同，你最好能把自己推销出去，还要让对方相信你有能力销售他们的产品。
7. 锁定买家：制作网站，纳入所有目标客户想要知道的信息。

简言之，除非有相关性，否则不要在一个网站上贩售 10 种商品。

秘笈绝招

- 取得免费的试用品：不要在还没检测品质之前就买下一大堆产品。先去拿几个免费的试用品。如果你手上的试用品够多，也可以去市场上找几个客户测试下。
- 第一次订购折扣：如果你正在测试几个彼此竞争的商品，而且在你真正把大量资金投入到单一产品之前，你希望多进行几次测试，在此前提下，你要针对第一次订单和厂商谈出可观的折扣。你同意自掏腰包进行市场试验。如果试验成功，你会回头用正常价格订购更多商品。如果你不成功，他们也不会有任何金钱损失。
- 评论型网站：评论型网站是营销策略联盟的好渠道。简言之，评论型网站就是提供产品或服务评论的网站。这类网站提供大量信息，目的在于帮助消费者判断哪些东西最切合需求。这些产品都是某个策略联盟中的一部分，当消费者通过这类评论型网站购买时，联盟方就会获得佣金。如果你很了解产品及你的目标客户，评论型网站可以变成很好的收入来源，若你能再结合博客，效果会更好。
- 电子书营销：你喜欢写作吗？你能不能写出一本 15 ~ 20 页的电子书，谈谈你正在销售的产品或服务？这 15 页的电子书不能都是推销语言，这样会引起读者的反感，也不会创造任何销量。在写作时，你必须变身成为一个对产品怀抱热情的人，你想的是要和全世界分享知识。你要提供真实的信息，好坏都要纳入，要客观。世上没有完美的产品，因此不要假装你的产品很完美。免费提供这本电子书，让读者参观你的博客，以获得最新的评论或信息。

- 博客：博主具有成功使用策略联盟的优势。为何如此？因为他们很容易就和读者搭上线，培养起关系，读者会信赖这些博主的意见。你可以考虑经营博客，然后运用策略联盟方案（请参考“经营博客”部分，以了解更多详情）。
- 和专家结盟：产品对了，再搭配专家推荐，效果更是相得益彰。多数人都会客气地拒绝你，但是你只要找到一个人点头答应就好了。更棒的是，你可以邀请他们撰写电子书或经营博客，而你则把重点放在销售上面。

渠道六：网络营销

简单来说，网络营销就是，你作为独立经销商和大型制造商合作，取代零售店，将产品销售给消费者。另外，你帮助其他独立经销商（你的生意伙伴）拓展了他们的生意。

你从事网络营销，你和制造商合作，获得某项产品的授权，相当于你租下了一项受到法律保护的产品，也就是受到商标权、专利权或著作权保护的产品。你只需要负责建立属于自己的消费群网络，非常简单，而制造商负责生产产品、政府关系、奖金计算、法律事务等。

网络生意是利用另外 8 小时的理想途径。它通常不需要你在上班的8小时里经营。其实，每天利用另外8小时的其中两三个小时，已经足够发展和经营一个有相当规模的网络生意，获得大大超过上班8小时的收入。

网络营销是一个很有威力的工具。如果你能自我激励，网络营销就能把这种力量大大强化。它要求你拥有企业家精神。如果你有足够的激情，能自发地行动，并且在高水平上保持动势和动力，保持专注，你就可以成功。对于那些没有自我激励的人，我不推荐网络营销。

网络营销能提供其他生意机会所不能提供的优势。人生长远的成功取决于你的教育、生活经历以及品格。在这几个重要方面，网络营销生意会提供相关的个人成长培训。

网络营销生意很有耐心。在上班工作中，如果你在6个月到1年时间里没有做成什么事情，通常你都会被解雇。在网络营销里，只要你愿意投入一些时间，大部分公司都愿意伴随你成长。毕竟，他们希望你可以去到巅峰。

真正的网络营销与传统的生意模式截然不同。网络营销被设计出来，目的就是把你带到上面，而不是让你一直待在底层。除非把普通人带向成功，否则一个网络营销生意不会成功。

网络营销并不是一项容易的工作。因此，你需要问问自己："我具备它所要求的条件吗？我愿意走出我的舒适区吗？我愿意首先被领导，然后学会去领导别人吗？我在内心是否已经是一个成功者，已经准备走出来了？"如果答案是肯定的，就去寻找一个拥有完善培训计划的网络营销生意吧！我更看重一家公司所能提供的教育和培训以及个人成长计划，而不是那么看重产品或利润分配制度。

网络生意是一个可预测的生意。只要你做了应该做的事情，结果是可以预测的。对于那些想在生命中得到更多的人来说，网络营销能提供非常独特的优势。总之，建立网络营销生意，比起其他创业者途径，更加吻合创业者法则。

规则

1. 加盟一个已经过验证的成熟公司。经营时间长、诚信经营、产品丰富、经营区域广、已经过多年验证的制造商，是你的首选。不要做新公司的试验品。你最不希望看到的事情是，当你付出极大的努力，把消费者网络建立起来以后，你合作的公司出现产品质量、财务、法律等等方面的问题，你之前付出的努力付诸东流，不得不重新建立。
2. 参与一个已被验证的成熟系统。成熟系统已经被验证，有了成熟的发展模式和支持工具，你可以立刻快速发展，而无需花时间去探索新模式和建立新系统。这样可以大大缩短你成功所需要的时间，让你少走很多弯路。
3. 连接一个志同道合、承诺帮助你成功的团队。这个团队真心希望你成功，而且无条件地付出自己的时间、精力和金钱，去帮助你成功，因为只有帮助你成功，他们才会成功。一个真心帮助你成功的团队，让你的网络营销生意如虎添翼。
4. 给自己时间。想在网络营销获得成功，你需要时间。你不能像对待上班的工作那样，对待网络营销生意，因为建立一个稳固、有架构的消费者网络，需要时间，正如你想成为杰出的医生、律师或者会计师，需要时间那样。建议你给自己至少三到五年的时间去学习、成长。

5. 培养和提升自己的领导力。网络营销是一个以人为本的生意，需要你去建立和保持一个消费者的网络，所以，它比其他生意更需要你在培养和提升自己的领导力方面下功夫。

秘笈绝招

1. 愿意接受指导：网络营销生意是一个已经得到验证的生意，许多人在之前已经取得成功。敞开心扉，向他们学习，接受他们的指导，这样会让你的成功走上快车道并能获得持续、长久的结果。
2. 愿意走出舒适区：和人接触，不是一个人人都觉得舒服的事情。但这是必经之路。要建立网络生意，必须走出自己的舒适区。成功并非显而易见，必须刻意去做你应该做的事情，而不是你觉得舒服的事情。
3. 每天行动，持续挥棒击球：没人能知道下一个你认识的人会不会一飞冲天，因此你必须不断尝试，持续挥棒击球。

与任何事情一样，网络营销已经被证明是一个可行的、回报丰厚的行业，同时也有着挑战。这个行业有着许多成功的案例，这些成功都是通过勤奋、热情、正确产品、正确时间等因素的结合而取得的。正如任何事情一样，这里有着有形因素和无形因素，但成功并不神秘，网络营销也是如此。

渠道七：以服务交换公司股票

你如何能像公司首次公开上市那样大赚一笔而又无须像搭云霄飞车一样提心吊胆创业？多数人都是按时收费、收取固定薪资或收取佣金，这都是普遍接受的支付工作所得的方式。不过，对于想要把杠杆效果极大化的创业者来说，赚钱还有另一种办法：股票。这种办法很简单，而且可以把你推升到全新层次。

不要接受对方的现金来作为你的工作报酬，你应该选择支付股票或分享未来收入的方式。比如说，你白天在保险公司的 IT 部门工作，业余时间则是出色的平面设计师。你喜欢全职工作的安全稳定，但是你也想利用另外 8 小时多赚些钱。你决定在下班后为其他公司做一些活，赚点钱支付助学贷款。你还有更大的梦想，因此你决定为几家经过精挑细选的创业型公司提供服务。你不用先收现金，相反，你要为了这些公司的股票而工作。任何一家公司被收购或公开上市，你的股票就会价值好几十、上百万美元。很简单，对吧？遵循以下规则，可以大大提高你的成功机会。

规则

1. 仅选择成长性高的公司：要花最少成本创造最高效益，选择成长潜力高的公司来提供服务。想一想那些含高科技、生物科技、网络及类似字眼的公司。
2. 仅选择处于早期阶段的创业型公司：你要让成熟的企业付现给你，让创业型公司付股票或把部分的未来收入分给你。你无法从成熟的企业中分得太多股票，但是你可以从股票比可用现金多的创业型公司拿到很多股份。

3. 分散：为了提高你中大奖的机会，你应该拿不同公司的股票。多数投资者都知道，在 10 家公司中，3 家会倒闭，4 家损益两平，2 家表现还可以，但最后一家可以弥补其他投资。你的任务是要持有跨行业及跨企业的股票组合。

4. 把自己当做投资人：不要一有公司愿意用股票来买你的服务，就轻易投怀送抱。要慎重。你自己会投资这家公司吗？要分析这个行业，现在这一行是正在成长还是衰退？这家公司在这一行的历史有多久？他们有哪些成就？公司的管理阶层过去有哪些成功的创业经验？

5. 拿股票（或是分享收入）：多数公司希望发给你认股权证，而不是直接发股票，这样也可以。你要确定转换成本为零或是非常低，而且没有时间限制的规定。有些公司无法给你股票（因为他们根本没有），如果是这样，你可以要求分享营业收入。这种做法对你和公司来说很有利，但你要确定白天的全职工作允许你这么做。

6. 谈判交涉：如果你运用自己的特殊才华，为长远的未来报酬而付出另外 8 小时，你最好确定自己能拿到让人满意的交易条件。你提的要求要比预期能获得的更多一些。除了潜力之外，创业型公司别无价值，他们需要你。你要让他们知道一点，即你相信他们做的事业会成功。清楚说明你想要助他们一臂之力，把公司做大，只不过当你这么做时，你也想要分一杯羹。

7. 要他们支付你的自付成本：要确定他们会支付你的自付成

本（网站主机管理费、网域注册费、材料费）。你可以贡献时间，但不会付出金钱。如果他们不愿意，你就不应该和他们合作。

8. 使用保障完全的合同：写得好的合同和糟糕的合同之间的差异，对你来说，可能就是荷包里的几十万美元。用你自己的合同总是比用公司拿出来的合同要强。去找一份可以保障你权利的好范本。

秘笈绝招

- 推销自己：当你在评估公司的成长前景和管理团队时，他们也在评估你。小型公司不会随便发股票给任何人，他们先要确定公司能获得优质服务。为了双方顺利合作，你的行为举止和谈吐仪态都必须像专业人士。你应该印制名片，要有出色的网站、推荐人及作品。
- 找到工作：你可能具备技能、拥有时间也有意愿，但你要怎样才能和寻找工作或股票合伙关系的创业型公司搭上线？这里有两项很好用的资源：

1. 天使投资人俱乐部：全美各地都有天使投资人俱乐部，投资人就在那里寻找当地有哪些公司正在募资。
2. 专业投资人：他们会为成长性高的新公司及较成熟的公司提供资金。联络他们和他们的客户往来。
3. 从事顾问的工作：想要介入一家创业型公司分得公司股票，最佳渠道之一就是成为他们的顾问。身为顾问，你需要出席月会或季会，每个月要打几通电话，还要把这家公司介绍给你所有的人脉。这是赚得前景看好公司股票的好方法。

- 全职工作：如果你是公司的服务供应商或是顾问，很可能到最后会变成在这家公司全职工作。这是自然而然的事。公司营运开始好转或获得资金投入后，他们就会找全职员工。他们会先问谁？当然是你。
- 去创业型公司任职：这一条不属于另外 8 小时范围，但值得一提。如果你不介意创业型公司有风险，就去这类公司里面找工作。

渠道八：推进事业发展或大跃进

也许成为创业者不适合你，也许你不是创业者或是根本不想发明任何东西，没关系，你还是可以利用另外 8 小时多赚点钱。这条渠道的重点在于把时间和金钱投资在自己身上，而不是放在点子或产品上面。不管你非常满意你的事业，只是希望更上一层楼，还是你已经受不了这份工作了，你都可以善用这条渠道建立信誉、强化技能、追求新事业、吸引更多客户及获得更丰厚的薪资报酬。

想要在你所属领域成为前 1% 的顶尖人物吗？不要做后面 99% 的人都做的事，这些人上了一天班之后，剩下时间全用来休息了。前 1% 的人行事风格会有不同，在上完一天班之后，他们可能不再工作，但绝对不会停止学习，他们会经营人脉，继续发展增进自身能力。

规则

1. 强化技能：要有资格追求新事业或争取加薪，最好的方法就是强化技能。去拿个学位、证书或认证，如果你对主管或人力资源部门的人说点好话，公司甚至会帮你付这笔钱。把重点放在一项技能上，直到能完全掌控。成为你所属领域的专家。你可以去上夜校或是读远程教学课程。从另外 8 小时中挪出部分时间来强化技能，你就更能凸显自己在公司里的价值，或者能助自己一臂之力，更够格追求新事业。
2. 人际关系网：哪些人会对你的事业造成重大影响？拨出另外 8 小时去和新面孔碰碰头。你可以加入俱乐部、出席晚宴、和你所属行业的领袖人物来往、每星期至少花几小时见见新面孔、和你已经认识的人更深入交往。你要成为联系者。不要关注别人可以为你做什么，而要关注你如何帮助别人。把对方介绍给你的人际网，帮助大家互相搭上线。借助于以网络为基础的社交网站来经营人际网，发挥最大效果。
3. 强化信誉或提高曝光率：如果你想在公司里担下更多重责大任、获得加薪或升迁，你必须要有个人信誉。光是把工作做好还不够，竞争太激烈了，有外包和削减成本这些东西，你必须更鹤立鸡群。以下有几种方法可以帮助你。

秘笈绝招

- 写文章、电子书和博客：想要马上建立信誉并争取曝光率的最佳做法之一就是去写东西——写文章、经营博客或撰写电子书。当你挂上作者的名号，刹那间你就有别于其他人。作者是权威角色。如果你写出独特或是引人关注的东西，你就会赢得追随者。一旦有了追随者，你就成为领导者。你要成为潜在客户学习的对象，成为同侪寻找答案的源头。

- 善用公关：通过适当的媒体，你会成为业内名人，让客户主动找你。要有这样的成果，要花一点时间，还要有一点策略。你可以撰写新闻稿，或者写出一本电子书更好，随后再撰写推销电子书的新闻稿。联络本地记者，告诉他们你所属行业的最新动态，为他们提供撰写报道的点子，了解他们想要什么。
- 学习谈判：你得到的一切都是靠谈判争取来的。一门谈判技巧的课程可以为你省下几十万美元，可以帮你争取加薪，助你攀上企业升迁梯子。在另外 8 小时中拨出一点时间，好好学习谈判。你不会失望。
- 阅读：书籍是知识的最佳来源，也是创业者的最佳密友。好好读完一本书，你就可以用几小时学会很多东西。善用其他人的知识和经验。你要阅读、学习、成长、进步。
- 公开演讲训练：大部分人宁愿死得很难看也不愿公开演说，这正是你的机会，要好好利用他们的恐惧。就像写作一样，发表演说的人在众人眼中会成为领导者和专家。公开演说能立即为你带来威信，但你必须有胆量站起来发表演说。克服恐惧的最佳方法就是学习技巧并勤加练习。我之前提过，要练好演讲的最佳方法是参加当地的演讲协会。你能在充满支持的环境下学会如何公开演说，练习相关技巧。
- 建立个人网站：你需要一个专属个人网页，让你可以张贴你的履历，分享你的播客、文章、电子书。不管你换了多少次工作，你的网站永远都是你的。网站不用太炫，但一定要有你的风格，这表示你要设定一个有个人色彩的网址及主机账户。你可能一个月要因此花掉 5 美元，但是绝对值得。

- 增进写作功力：很多人词不达意。想要脱颖而出吗？你得写出别人真的看得懂的句子。去学习基础写作知识，相信我，你会与众不同。
- 现在就去学未来的科技：从现在开始学习未来的科技，你会成为接受新科技的第一批人，也能因此找到优势，担负起领导者的角色。你不用比别人快 10 步，快一两步就能显出效果。

渠道九：成为自由职业者

自由职业者在不签订长期合同的条件下为企业提供服务，有时候以钟点计薪，有时候则以项目计薪。这是多赚点钱还债或存钱的简单方法，是杠杆效应很低的事业，但是容易开始，而且无须创业成本。如果你不想在经济上大幅跃进，一个月多赚几百或几千美元就让你心满意足，自由职业可能正适合你，但是你必须遵循以下规则。

规则

1. 具备专门技能：自由职业都必须具有专门技能。
2. 不要在乎距离：除非当地有许多公司争相要求你提供服务，否则你应该承接一些离家较远的项目。

3. 合同：任何时候，当你为别人效命时，要确定合同对自己有利。好几个自由职业工作网站（参考“资源”部分）都会提供范本。
4. 保障自己（第三方担保账户）：你要会保护自己，不要一个项目做了 3 个月却没收到钱。在你把成品(比如说标志设计)交出去之前，要善用第三方担保账户。许多自由职业工作网站也提供这一类服务。
5. 推销自己：推销自己绝对非常重要。一家几千英里外的公司考虑要不要在见不着你的条件下聘用你时，你必须表现得令人印象深刻且专业。这表示你要有优秀的个人网站，而且一定要有推荐人。
6. 努力谈判：自由职业工作的美妙之处在于，你只要轻点鼠标就可以找到下一份工作。这表示你可以努力谈判，确定拿到合情合理的好条件。如果你很棒但他们却不确定，你可以考虑降低第一次收费，之后再加价。
7. 不断提高：如果努力没有受到认同，在同一家公司待上多年的员工就会觉得陷入困境。但如果你是自由职业者，你的作品自会为你说话。自由职业工作是极致的精英制。好的自由职业者会自我鞭策不断提高，会接规模越来越大的项目，他们会提高收费，更有效配置花在每一个项目上的时间。

秘笈绝招

- 要做到卓越出众：你可以通过交出好作品而赚到好收入，但如果你想赚到非比寻常的收入，表现也得要卓越出众。不管你要付出哪些努力才能傲视群雄，请善用另外 8 小时。

- 建立作品集：如果你刚刚起步，还没有作品集或推荐人怎么办？在传统工作场合上，这可能是导致交易失败的因素，但在自由职业者的世界里，这是个很容易跳过去的障碍。在这个阶段，你的主要目标是累积作品，次要目标才是赚钱。这表示你可以低价接下你知道能够证明才能的工作。此时，你的首要任务是累积作品。一旦你拥有几个作品之后，就可以开始以合适的价格收费。
- 检查所有网上资源：有很多网站可以帮助自由职业者（请见以下的“资源”部分)，每一个网站都有其特性。请检查这些网站，看看哪里最适合你。看看你所属领域贴出来的工作要求。客户想要什么？他们愿意付多少钱？可能的话，看看最后完成的作品是什么样子，而你能不能和对方竞争？仔细研究完所有网站后，再选择最适合你的。

  你要选择一个网站，建立声誉，留下足迹。这些网站会让可能的买方浏览你过去的历史及其他买方给你的回复和建议，买方都希望能看到完整的记录和正面的意见。除非你的事业做得很大，让你可以在不止一个网站上累积名声，否则的话只要在单一网站上就好。
- 使用 Google 关键字广告：同样，这也是让目标客户点击进入你的网站的绝佳妙法，而且不会花掉你太多钱。
- 建立有说服力的个人档案：所有自由职业者网站都会让你写明自己的服务及你的公司名称，而这正是你凸显自己的机会。不要只列出你提供的服务，大家都这么做。你要带入个人色彩，多分享一些和你自身相关的信息。如果你是买方，要怎样做才会安心购买对方的服务？你可以在个人档案里加一段誓词。嘿！航空公司都会有“乘客权益”，你也可以制订“客户权益”。要出奇制胜。

还有，如果你的业务量足够，又专于几个领域，你可以编制不同风格的作品集。你可以编制不同的个人档案，每一个档案针对一个领域。

- 要精挑细选：乱枪打鸟的策略没有用。你不要什么工作都去抢，只接那些适合你的项目。多年来我贴出了许多外包项目，在我收到的标单中，90% 都很普通，标榜着“我们可以帮助你完成你需要的一切”。我会马上删掉这些，只专心看那些确实读过我的项目说明，并且专门针对我的问题回复的服务供应商。

  要求客户提供正面意见。为了建立好名声，在你完成项目后,你得要求客户给你正面的回馈。在你完成项目之后，要马上让客户在你使用的自由职业工作网站上留下正面回复，并发电子邮件给你，因为这个时候大家彼此感觉良好，而且都还有联络。

- 建立你自己的网站：许多自由职业者只用自由职业网站，但我不建议这么做。就算所有工作都是从那些网站上找来的，你也要有自己的专属网站。当我在审查从自由职业网站中找到的服务供应商时，我总会查一查他们有没有自己的网站。我希望看到这些人是认真看待自己的工作和事业，能建立起自己的网站。而客户回复也可以在专属网站上找到。客户回复对于潜在买方很重要。我们不认识你，请让我们看到有其他人信赖你、乐意和你合作的信息，化解我们的忧虑和恐惧。

渠道十：把闲暇爱好变成收入

这条创业者渠道和其他有点不同，其他 9 条着重利用你可以从事的专业工作来赚更多钱，但这个渠道则比较一般。这条渠道的目标是要你通过做你喜爱、热衷的事来赚更多钱。你可能赚不到能买下一座城堡的财富，但是你可以一边做你喜欢的事，同时又能付得起每个月的汽车贷款或清偿拖了很久的负债。

规则

1. 盘点你的兴趣：写下你所有的爱好、热衷的事物和兴趣。这应该很有趣，但我发现，你可能没有特别的爱好，这没问题，你一定会有自己喜欢做的事。你喜欢什么？阅读？好，写下来。你喜欢购物、电话聊天？把任何能让你热血沸腾的活动全部写下来，玩扑克牌、看足球赛、做手工、跳舞，什么都可以。每一个人都会有自己喜欢做的事。
2. 缩小范围：针对你写出来的每一项兴趣，除非你能找出一两个重要理由解释你为什么喜欢做这件事，否则就放手删去。
3. 聚焦：如果你中了乐透一辈子不用工作，你最想花时间从事哪一项爱好？选出来。
4. 准备启动：每天早上花 10 分钟，想想你能为其他跟你一样热爱这项兴趣的人提供哪些产品或服务。把你的兴趣和每一条创业者渠道拿来配对。

a. 经营博客：你可以轻松、快速地开始经营博客，畅谈园艺经，并发一些和园艺有关的广告。

b. 发明：这条渠道里有一卡车的机会。请记住，要把目光放在你遭遇的问题和挫折上面，然后创造出解决方案。

c. 开办公司。

d. 经销、策略联盟、授权。

e. 网络营销：这里有很多机会。

f. 以服务交换公司股票：这条渠道没有机会。

g. 推进事业发展：这条渠道没有机会。

h. 成为自由职业者：你有很多机会可以经由为其他人提供服务来赚钱。

你看懂我们现在在做什么吗？就是找到一件你喜欢做的事，利用其他创业者渠道贯通你的思考，让你去想想如何从兴趣中赚钱。

看看另一个例子：我有一个朋友很迷天文学和占星学，当他针对自己喜欢做的事缩小范围时，他发现自己最喜欢的是和别人分享天文学知识。一旦明白这一点之后，他就开始用自己的热情创造产品和服务。他替别人绘图，他组织到沙漠观星的教育之旅，开始经营博客并提供刊物服务。他利用闲暇时间做这些事并赚了不少钱，非常乐在其中。

- 保持乐趣：这是你的闲暇爱好，不要把它变成你痛恨的工作。你要保持乐趣，不要让热情变质。如果你发现自己热衷的事情变得越来越像工作，你就退出，不要因为要从中赚钱而毁掉自己享受的事物。
- 多试几种策略：如果你不享受或无法获利，就不要困在单一策略中。多试几种做法，一直到你找到一种或几种最有效的策略。
- 多试几种爱好：不是所有爱好都能拿来赚钱。从一种爱好开始，然后逐渐尝试，一直到你找到有用的那个为止。

现在你全都看到了，就是这 10 条创业者渠道。这里有说不完的机会，我只能草草带过。你还可以探索其他创业者途径。你的功课就是去挑一种你想从事的渠道，并且多深入研究。不要被这么多可能性吓坏了。专注在一个项目上，然后行动。

要记住，你要把重点放在你的强项上。能让我们脚步轻盈的事物，都是会让我们有优势的事物。一旦成功，你就可以同时做两三件事，但是刚起步时，绝对不可以太贪心。我宁愿你精通一样，也不要样样都稀松。请记得，在打出全垒打之前，你可能会挥棒落空好多次。不要沮丧，重新出发就好。

第四部分
拥有美满人生

第三部分着重讲如何赚到更多钱，但是人生重要的不只有金钱。我们想要有更多钱，也想拥有美满人生，可惜这两个本来该是相互呼应的目标经常发生冲突。你会面临究竟是选择丰富的人生还是成为有钱人的两难局面。

我们希望赚更多钱，但是我们也希望能去佛蒙特州看看树叶的颜色变换。我们希望能够跑15英里，减掉15磅肥肉。我们希望能和配偶约会，带孩子去公园玩耍，成为华尔兹高手，做出美味的南瓜饺子。我们想种花也想种番茄，我们想读《愤怒的葡萄》也想玩扑克牌。还有，没错，我们也想安安静静坐着放松一下。好消息是，你可以变得富有，同时过着丰富的人生，但是你必须善用另外8小时。有太多人觉得被困在永无休止的循环里，被硬塞进既无创造性又不能丰富人生的例行公事里。我们起床、上班、下班、和混乱的交通奋战、看电视、上床，每天周而复始。

我们把健康、家庭关系和梦想按了“暂停”键，想着总有一天我们会找回来的。对于许多人来说，这一天从未到来。几年、甚至几十年就这样溜走了，我们活着，我们存在，但我们从未生机勃勃。若要把有一天变成今天，你必须清楚了解对你而言何谓"人生"，投资另外 8 小时，从事让你更丰富、带你更接近梦想的活动。

这个部分要讲的是拥有丰富人生的核心原则，你会学到：

- 如何找到你的落差：出现落差之处，正是你要寻求正面改变的人生领域。
- 如何设定影响力（IMPACT）目标。
- 如何找出尚未发作的潜在问题和挫折。
- 如何利用另外 8 小时追求梦想人生。

这一部分教你怎么善用你另外 8 小时，享受有益且充实的人生。

第九章　不能、不应、不要

要真正地活过，需要付出哪些努力

“我人生过去的8年全都白费了。”电话那一头的声音这么说。比这句话更让人震惊的，是背后那股深沉的伤痛。我非常讶异，我这位朋友总是开心快乐、积极向上，而且精力无穷。我根本不记得上一次听到她哭是何时的事了。但就在这一天，她完全无法自抑。电话里一阵静默，我绞尽脑汁在想应该对她说什么，她又冲口而出道：“我人生过去的8年全都白费了，我再也无法找回那段时光。”

我可以说我有工作要做，然后就把电话挂掉，但我仍拿着电话。

但我后来发现，她确实如此。她困在一份无法让她觉得充实、缺乏挑战的工作里，更糟糕的是她年复一年抱怨，却从未去寻找别的不一样的工作。她一天到晚谈着要去旅行，却没去过任何地方。她希望和朋友建立更深刻的关系，却安于维持表面的往来。她在生活中任何领域都未见成长或进步。为了不让你觉得我铁石心肠，我要声明这些话都是她说的，不是我。

我想办法把重点转向正面的部分，但最后我承认她说得对。她浪费了生命过去的 8 年，因为她无法掌握另外 8 小时，把时间全都拿来挥霍了。当生命的收割时间来临时，她一无所获。

你也有类似的经历吗？你会不会回头看看上个月、去年甚至过去 10 年，自问到底是怎么一回事？我和成千上万人谈过，这种空虚感非常普遍。

如果生日或是新年变成让你不快的提醒，凸显你拥有的东西和你用生命完成的成就居然这么少，如果你已经准备好面对自己及你的人生，现在正是时候。这么做或许并不好看，也可能不太好受，但我保证，这会比你 10 年后再来后悔好得多。

金钱与快乐

前几章谈的都是如何运用另外 8 小时赚钱，但拥有美满人生和赚很多钱关系不大，倒是和要赚到“足够多”的钱很有关系。

每个人都说金钱买不到快乐，但是对于生活在贫穷中的人，对于不知道要怎样付下个月房租的人，对于担心餐桌上食物不够的人，对于骗孩子说鞋子上的洞很小、没有人会注意到的人，对于付不起孩子医疗保险的人，对于担心自己快要失业而辗转难眠的人，请你再多想一想。如果你必须努力求生，你肯定不想听到金钱买不到快乐这种话。钱可以买到食物、付清房租，还可以为你带来片刻的心灵宁静。

当我们处于求生模式时，梦想和目标统统被抛到九霄云外。当你勉强付清每个月账单时，可能不会去想到更高层次的人生目的。你得奋力对抗人生的浪头，哪里也去不了。想象在水里载浮载沉的人，你可能只看到他的头在浪头间摆动，看起来好像在享受游泳的样子。你看不见他的双臂和双腿拼命在水底下打水，用尽全身力量以求浮在水面上。

当你把所有力气都放在求生上面，就没有时间、精力或能力去追求丰富和有意义的人生。因此，如果你负债累累或财务很吃紧，要先多赚一些钱，赶快跳脱财务困境。如果你不必担心钱的问题，但仍对人生感到不满，请把另外 8 小时放在追求美满人生上面。如何投资另外 8 小时完全由你自己决定，只是你要知道自己可以同时“赚得金钱”也“赚得人生”。这两件事不是互斥的，你可以同时拥有两者。

“拥有人生”是什么意思

何谓拥有人生，很难定义。不过，当你看到时你就会知道（尤其是当东西包在深色包装纸里，邮差拿给你的时候面露诡异笑容时）。说到底，当你过得开心而充实时，你就知道自己拥有人生。如何快乐，是最多人问的问题之一。从伟大哲学家到现代心理学家，几乎每个人都试图解决快乐这个谜题。

没有人有答案，没有公式可以创造一生一世的满足和喜乐。比我聪明得多的人早已讨论过这些问题。以下清单可能会漏列很多要“拥有人生”必须付出的努力，但仍能给你提供一些帮助。我列出的项目重点在于多拥有某些东西，并且少拥有其他东西。在下一章中，我们会替你发掘为了拥有更丰富人生必须完成或要动手做的具体事项。

少一点

- 后悔：后悔高居第一位是有道理的。后悔是人生中最让人扫兴的一种东西。有什么事比你苦苦想着“当初我为什么这么做”更糟的吗？只有一件事情比这更糟，那就是“当初我为什么没那么做”。后悔你没有去做某件事，比你后悔自己做了不该做的事更糟糕。因为你没去做，你永远不知道做了会怎么样。

  在现实世界里，我们每一个人都为各式各样不同的事情而追悔。没有人逃得掉。有些是琐碎的小事，有些则可能在你临终时还苦苦纠缠着你。以下几种策略可以帮助你尽量减少及避免后悔。

  第一，克服你背负的后悔。现在你对此已经无能为力了。当你拖着沉重的心理负担过日子时，每一天都变成无法用新眼光看世界的另一天。我见过遗憾如何蚕食一个人。我看过遗憾如何让当事人每一次和别人交往都蒙上阴影，如何让人萎靡不振。如果你用你没做的事或是你做过的事来鞭打自己，你完全不可能拥有人生。如果你内心有深深的遗憾，最佳做法可能是去接受治疗。

  第二，通过防范遗憾发生来战胜未来的遗憾。不要因为不采取行动而让自己有机会抱憾。除非你面临身体伤害、破产或可能会违背伦理道德的威胁，否则最好的解决方案就是动手去做。就算失败了，就算害你最后变得像个蠢蛋，你可能都会觉得还好做了。你不会希望到头来后悔自己没有动手。

- 恐惧：如果你一直担心，总是活在恐惧当中，你就无法完全欣赏生命。你穿戴的盔甲越厚重，就越不容易感受到痛苦及欢愉。恐惧会减少人生低潮的频率和严重性，但也会降低快乐的程度。恐惧可能会让你瘫痪，也可能让你重振活力。怀抱太多恐惧不健康，然而在下一章你会看到某些恐惧却有好处。
- 懒散：我不相信人会懒散，我认为他们只是没有受到激励。我看过因为痛恨上班而起不了床的人，一旦发现自己的使命，就会非常期待周一早晨的来临。我看过屁股不想离开沙发的人，一旦找到灵感就变得充满生机，雄心万丈。有些人天生肚子里就养了一只叫做事业心的虫子，不管原因为何，他们总是不由自主地散发出正面力量，总是在行动。这些人连打开一包薯片都会兴致勃勃。至于其他人，就要找到你的热情和灵感。这得花时间，还需要经历很多的尝试和错误，一旦你找到了，等着瞧吧！
- 生命水蛭：这些玩意儿会吸干你的时间和人生，不要浪费时间去做不会让生命更丰富的事。你要分清哪些是你深恶痛绝的事，尽量不要去做这些事。我最讨厌自己动手做东西。不管我催眠自己用多么积极的心态来看待这种事，或别人给我多少肯定，只要我要自己动手做东西，心情就会立刻变灰。不管你的生命水蛭是什么，你做得越少就会越满足。

多一点

- 成长：拥有人生，重点在于成长为人，在于要让今天的你，变成一个比昨天更好、更充实、更丰盈的人。如果你停滞不前，就无法完整地活着。你必须成长、进步，才能成为一个人。
- 经历：我们的生命是经历的集合。日复一日像机器一样过日子很简单，但这就像是一再重复播放同一个节目。如果你聘请一队拍片人员来记录你的人生，他们需要多少胶卷？如果你总是一再、一再地重复同样的事，他们只需要几卷带子就够了。你的目标应该是，要用掉最多的带子来显示你真正在过生活，在体验新事物。这正是拥有人生！
- 改变：在你获得的恭维当中，最糟糕的一句是“你一点都没变”。如果你和去年的你或10年前的你都是同一个人，就一定有问题了。我们可能无法改变人生基本的色调，但是绝对可以改变浓度。朋友、经历、挑战、挫折、互动和成就，全都在我们身上留下了印记，有时候轻描淡写，有时候落笔深重。我们都有过一种经历，多年后见到某人，因为对方一点都没改变而万分惊讶。他们说着同样的词汇，有着同样的兴趣、爱好，对音乐和汽车的品味也一如往昔。他们甚至连服装、发型甚至是工作都没变。这个世界已然不同，但他们仍活在阻碍自身发展及体验的大泡泡当中。
- 向前看：如今有一个很流行的概念叫“活在当下”。我懂，如果你老是活在过去或是未来，就无法珍惜今天。但是，如果你只活在当下，也无法塑造未来，只能被动回应。如果你不放眼未来，拟订计划并且设定目标，你就不知道现在需要做什么才能实现那样的未来。要拥有人生，代表你必须和过去及现在和平共处，但是必须积极进取，努力去塑造未来。不想再心不在焉、不想再焦虑地活着，最好的方式就是要好好安排时间，找回属于自己的权利和天赋，好好审视你的未来。

- 错误：没错。事实上，你应该多犯点错。如果你没有经常把事情搞砸，那只是你做的事还不够多。犯错很难堪，对吧？因此，我们会留在安全的小框框里，避开犯错的狼狈混乱。问题是，在框框之外才有人生，成长和进步也在这个框框之外。犯错的重点不是一再犯下同样的错误，这可不是成长，也不算拥有人生，那是笨蛋。重点在于犯下新的错误。如果我们把事情搞砸了，那表示我们做了一些新的、不同以往的事情，这也代表我们拥有了人生。你必须多承担一些风险，才有办法多搞砸一些事。如果你承担了更大的风险，搞砸了更多的事情，成功终会到来。成功是你一而再、再而三看来像大笨蛋之后出现的副产品。
- 恐惧：恐惧有好有坏。坏的恐惧会让你瘫痪，但是好的恐惧却能让你奋起。好的恐惧可以帮助你跨越障碍，从自己身上发掘出更多东西，超越你过去的想象。人很少因为想要或是需要改变而改变，大部分都是在不得不时才会有所改变。恐惧可以成为推动我们改变的背后动机。好的恐惧可以点燃生命的火花。好的恐惧，是我们面对有自信能应付的挑战而产生的适度担忧；坏的恐惧，则是我们面临自认无能为力的挑战而引发的恐怖感受。坏的恐惧在我们的生活中无所不在，要辨别这两者非常困难，因此一开始慢慢来是非常重要的。要面对小的挑战，感受少许的恐惧，然后再多加一点点、一点点。每一次当你接受并克服挑战后，你就会更强健一些，更愿意承担风险。

- 闲暇爱好：我在不同阶段会尝试从事各种不同的爱好。有些爱好我一直保持下去，有些则不。多方尝试后，我才知道我喜欢什么、不喜欢什么。人生苦短，不能一直去做你不喜欢的事；人生苦短，不能不在乎你真正喜欢做的事。培养爱好就像创业一样，你可以一再挥棒一再落空，一再挥棒一再落空。
- 感恩：有一种方法一定能让你闷闷不乐、挫折沮丧且愁苦难当，那就是把你拥有的一切、你的一切成就视为理所当然。不管你是一文不名、困在没有出路的工作中，还是孤零零一个人抑郁沮丧，只要是在你生命里能拥有的，你都应心存感激。如果你等着生命达到所谓完美后才来感恩，就会错失许多美妙的天赐好礼。寻找恩赐、表达感激有时候很难，当你觉得自己根本没有什么值得感激的时候更难。但是，如果你想要拥有人生，感恩必须是你生命里非常重要的一部分。
- 人生目标：寻找有意义的人生是这本书的重点。既然多数人无法从睡眠或工作中找到人生意义，最后的希望只能寄托在另外 8 小时里。如果我们把部分另外 8 小时拿来寻找及达成目标，人生就会更让人心满意足，更充实丰盈。要发掘人生目标，全都得靠你。如果你太忙于“过生活”，就很难知道自己的目标是什么；但如果你想要拥有人生，你的人生就必须充满意义和目标。

- 方向：生活过得最充实的人，是那些因为完成目标而能在夜里安睡，同时又兴奋地等待早晨来临，继续人生旅程的人。方向带来激情，是解除日复一日单调生活的解药。在现实世界里，你可以通过定下目标而找到方向。通过制定具体目标，你知道你想要什么，并开始行动，而行动又可以激发更多动机和灵感。
- 人际关系：快乐与否有一个很重要的预测指标，那就是我们拥有的人际关系数量和深度。人不必拥有很多朋友，但必须让既有的关系更为深入。如今要建立肤浅关系轻而易举，电子邮件、语音信箱、手机短信、社交网站等工具比比皆是，让你毫不费力就能和许多人取得联系。但是，科技并未让经营深刻关系这件事变得更容易一些。在 140 个字的短信里，你完全找不到面对面谈话时的细腻微妙的感觉。
- 贡献：华理克牧师在《标杆人生》一书中提到，丰富的生命中应该充满贡献。施予，能把表面且自私的“我”从更丰富、更深刻且更深厚的“我们”的存在中拿开。我们很容易被困在自己的小小世界里，看不到现实世界的转动。当我们失去看清世界的眼光时，也丧失了大部分的快乐、目标和意义。
- 学习：学习并非指你一定要去大学报名上课（虽然这是花较多钱学到知识的好渠道），而是代表今天的你应该比昨天的你懂得更多。如果你上一次认真学习的经历可以回溯至大学时代，你就错过了拥有自己人生的很多机会。不管你通过书籍、爱好还是朋友学到知识，学习是拥有更丰富充实人生的关键。

- 行动：思考你想要的，然后动手完成，不是一件很美妙的事吗？不幸的是，人都会死，而拥有人生代表你得离开沙发，有所行动。人生在于思考和行动，你不能从中择一，两者都要做到。

不管你是一年赚 3 万还是 300 万，上述每一个项目都是你做得到的。拥有人生和拥有财富无关，但是和你能否过更丰富、更充实且更有创造性的生活有关。

善用另外 8 小时的成就

当你面对意外的不幸事件时，很容易因为伤痛而萎靡不振。但有时候，在最深沉、最黑暗的时刻，也有人下定决心把黑暗变成光明。

2005 年 2 月 10 日，马达克斯·哈加德过世了，他只活了 6 天。他的父母聘请一位专业摄影师拍下了他人生最后的几分钟，以及他在父母怀中逝去后的片刻。回头去看，他的母亲谢里尔·哈加德说：“我的世界停止了，但身边的世界仍在转动。我想我们处理这件事的态度，会影响我们几个大孩子对人生的一些看法。”她庆幸自己花时间陪着生病的儿子，并且拍下了他的美丽身影。“当我凝视这些影像时，我再度想起他带来的美好与恩赐。”她说道。

她不希望其他同样丧子的父母错失聘请专业摄影师的机会。她和她的摄影师友人合伙创立了“如今我躺下安息”基金会，这是一个非营利组织，为丧子家庭提供免费的专业摄影。

她说：“我比孩子起得早，比他们睡得晚。我还得做一个好妈妈，跟着我的孩子转。但是我把所有闲暇时间投入基金会。我随时随地接电话。我们招聘摄影师、设计文案，尽一切所能传播我们所做的事。”

她的成就是什么？他们拍了几千个家庭，摄影师义工发展到7000多人，基金会发展到28个国家。但是从她的说法来看，这只是个起点。“我希望这个基金会会变成一家医院。”

比我们想象的更困难

我相信，凡事只有3个选项：变得更好、变得更糟、维持不变。同样，讲到拥有人生，你是向前迈进，原地踏步，还是渐行渐远？

如果你觉得自己一直在往后退，或者要努力奋战才能保持目前的位置，我毫不意外。我们都想要从生命中获得更多，但是想要获得更多和真正能够获得之间，隔着一条大鸿沟。每个人都渴望能拥有美好身材、吃得健康养生、赚更多钱、拥有更亲密的关系以及过得更充实，但少有人能实现这些目标。这是因为要做到这些比我们想象更困难，因为这完全违背人类的天性。生命及生命中的一切要不然是不断迈进、进步或前进，要不然就是落后、停滞或死亡。我认为，在我们每一个人心中都有一股熊熊燃烧的火，想要成长、进步，但这都要我们和天性奋战。很少人愿意承认，但是我们人类自然的反应就是衰败腐朽。

正面态度很重要。你必须对自己及未来持积极心态。负面和悲观会吸干你的能量和动力。但是，积极心态只是第一步而已，你必须努力才能保持积极乐观。如果你认为生命很简单，好事应该轻轻松松来敲你的门，你就不会拿出力量，因为你觉得根本不需要这么做。相反，如果你明白成功和人生的真正秘诀是奋斗，是求得生存的持续挑战，你将会奋起采取行动，不会仰赖因果或公平。这是你的人生，你的责任。每一天都是另一个新机会，让你把日子过得好，创造一个更美好、更完美的人生。

现在，你大概了解若要过丰富的人生需要有哪些因素。你必须知道，你想要做、想体验及想完成哪些事。你想从人生中获得什么？我们会在下一章中探索这个问题。

第十章　找到你的人生脉动

挖掘你的热情及你的梦想人生

在我的成长过程中，我的继父曾经教我如何修理汽车。我在汽车引擎盖下及车身下花掉大把时间，竖耳倾听，我凝神细看。我有一个充满耐心、体贴入微的好老师，但是我一直都未学会。

最后孤注一掷之下，我去轮胎维修中心找了份工作。当年的我大概十五六岁，积极向上，很想赚点钱。我第一天工作时，店主把绳索给我，然后指着一堆需要补胎及重新调整平衡的轮胎。这份工作并不费力，一点都不复杂，但我一整天都在奋战。上完班之后，我走路到几里外的舅舅家。我从头到脚都沾满油污，每一片指甲下方里都塞满了黑黑的东西，脸上也有一块一块的天知道是什么鬼东西（可能是石棉），鼻腔里同样也充斥着神秘的黑色物质。

在前往舅舅家的途中，我一直在想：这个人根本不是我，这不是我要的人生，这不是我希望走的路。我一直想做我觉得安全的事情（找份工作，学做生意），却没有停下来想想我真正想要的是什么，或我真正擅长什么。我不善于修车（事实上，客户把车子开走时，轮子竟然没有掉下来，这让我吃惊），我也不想成为修车专家。我不确定我的人生要什么，但我很确定不是这个。

我站在街角，全身沾满尘土和油垢，未来在眼前闪过，而且一点也不美好。即便当时的我还年轻，人生路却已经在眼前展开，最没有阻碍的这条路，将会给我最贫乏的人生。就在电光石火之间，我知道不能只坐着去等待。我不知道我要什么，但我知道我在目前的轨道上留得越久，就越难改变方向。我飞奔到舅舅家，抓起电话打给我的老板，然后辞职。

你能体会到我在街角的感受吗？你是不是也踏上了一条阻力最小的路？你的未来看起来和现在大致相同吗？你期待有一天你对于要起床工作这件事感到兴奋吗？你如何找到自己的人生脉动？你如何才能找到引燃想象力的火花，并且点燃你心里的那把火？

和许多人合作之后，我发现：只有渴望是不够的。有多少次，你兴冲冲地展开健身计划，然后很快放弃？渴望让你起身去做，但还不足以让你站稳脚步、坚持行动。拥有清楚定义的目标，同样也还不够。

能够让你的人生起死回生的电击板，就是另外 8 小时，不管你想要减重、跑马拉松、学外语、找到伴侣、更亲近上帝、赚更多钱还是想获得升迁。要实现这些目标，全都需要渴望和努力。所有伟大的事情，都只能在阻碍最小之路径的反方向才找得到。

当我站在街角时，完全不知道自己想要什么，但我非常清楚不要什么。你可能不确定自己要什么，你可能觉得不满意，抱持着一丝希望寻求更美好的事物，这都没关系。如果你想拉近梦想和现实的距离，愿意走出一条新的路径，你就找对地方了！接下来的内容将会帮助你找到人生脉动，遵循以下 6 个步骤，你会知道如何运用另外 8 小时，去实现你的梦想。

1. 拥抱差距；

2. 写下座右铭；

3. 判定优先顺序；

4. 设定目标；

5. 预期挫折；

6. 养成习惯。

本章要说明前 5 个步骤，下一章则着重在如何养成习惯：这是用来创造自动、自发正面习惯的策略。

1. 拥抱差距

差距是你的理想状态和现实状态之间的距离。不要害怕差距，生活中各方面都有差距。你的理想体重和体重秤上面出现的数字，就是差距。你开的车子和你想开的车子，就是差距。你和家人之间在情感上的距离，就是差距。

你的差距是你的，而且只属于你。它们独一无二。不要想逃避或感到尴尬。你必须拥抱差距。没错。我希望你感受到差距带来的痛苦，感受伴随差距而生的失望和挫折感。没有情绪，就没有动机。如果你切断当中的联系，太过于用理智来看待你的差距，它们就无法产生警醒作用，无法驱使你前进。

你必须用每一根神经，去感受那一股失望和想要改变的渴望。

请阅读以下内容。如果你感受到一阵刺痛，你就知道自己找到差距了。

人际关系

感受到和他人的紧密关系及有归属感，对拥有充实快乐的人生而言至关重要。你觉得自己和别人有亲近感吗？

家人

- 你对婚姻感到满意吗？
- 你觉得每一年和配偶的距离，是更亲近还是更疏远？
- 你的需求能获得满足吗？
- 你是否和父母、手足决裂？
- 你和孩子之间的关系是否让你兴奋？

友人

- 你对自己拥有的朋友数量感到满意吗？
- 你和朋友之间是否有深刻的关系？

社群

- 你觉得自己是社群中很重要的一分子吗？

性灵

- 你对于自己在性灵上的追寻是否感到满意？
- 你是否渴望获得更多的性灵知识？
- 你有没有想过要帮助一家机构，却一直没有动手去做？

健康

如果你问一个健康的人什么东西最重要，他会告诉你，是他的工作还有他和家人之间的关系。如果你问一个生病的人什么东西最重要，他会告诉你健康最重要。一旦我们长久忽略健康，健康就会找上门来吸引我们的注意力。你有多健康？

运动

- 你的运动量够吗？
- 你认得出镜子里那个瞪着你的人是谁吗？
- 你是不是像自己希望的一样健康？

营养

- 你是否从饮食中获得均衡的营养？
- 你是否一整天都精力充沛？
- 你是否希望吃得更健康、外表更美丽？

财务

金钱问题可以摧毁婚姻、拆散家庭、加重溃疡，最终破坏你的人生。你目前的状态和理想状态之间有差距吗？

金钱

- 你对自己赚的钱及存的钱感到满意吗？
- 你是否住在你想要的房子里，开着你想要的车子？
- 你是否希望为家人提供更多物质享受？
- 金钱问题会引发你的焦虑，让你夜不能寐吗？

事业

- 你想在公司里更上一层楼吗？
- 你是否对目前的工作及你在做的事感到厌倦？

- 你是否认为主管不认同你的才华？
- 如果明天你可以辞职，你会开心吗？

成长

如果你不成长，就算是正在死亡，简单之至。为了拥有充实丰富的人生，你必须进步、体验和学习。你是否觉得自己被困在流沙当中？

爱好

- 你拥有的爱好和兴趣是否让你感到快乐？
- 你会不会常常觉得无聊？

发展

- 你上一次读书是何时的事？
- 你是否认为自己跟得上最新事件？
- 你能否随心所欲到处旅行？
- 有没有什么课程是你想上但一直没有去上的？

你觉得如何？如果你觉得很好，你要不是吃了太多抗忧郁的药物，就是你真的对人生感到心满意足。设计这些问题的目的在于帮助你找出差距。如果你觉得有点受挫或不安，那是好事：请善用这一股不安。如果你在这个步骤就停了下来，不愿继续读下去，你可能会诅咒你的人生和这本书。我不想看到你活在差距当中，你会太难过，我只希望你看到差距。要记住，你必须先能感觉差距，之后你才有动机去改变。

2. 写下座右铭

强有力的座右铭言简意赅。一句座右铭没有用，在每一个对你重要的人生层面上，你都需要有一句座右铭，比如人际关系、健康、财务、营养等方面。你还可以更深入细分，比如家人、朋友、事业、运动等。

以下有一些秘诀，在你写座右铭时可以拿来参考：

- 简短：座右铭要短，10~15 个字即可。再长的话你记不住。
- 核心价值：这句话应浓缩了你的核心信念和价值观。
- 可控制：你的座右铭应是你个人可控制的东西。
- 有激励性：当你读自己的座右铭时，应该会获得启发，这句话确实能让你有所感悟。
- 务实：我朋友的座右铭是要“拥有大量的深刻友谊”。听起来很棒看起来很棒，但这不是我的座右铭。我有妻有子，还有很多计划要做，没有时间去和一些朋友深交。不要写下一句听起来很棒，但对你来说不务实或不真实的座右铭。

家庭

- “人在心在，投入参与。”只是到场出席还不够，你必须主动参与。
- “让孩子独立。”这句座右铭是家长专用。你当然希望孩子快乐、成功且充实，但你最重要的目标是要帮助孩子学习独立。
- “给他们真正需要的。”很简单，而且若用在适当的人身上，深具激励性。

朋友

- “要深度而非广度。”你有兴趣参与社交网站办的活动吗？可能没有。
- “拥有众多密友。”若这是你的座右铭，那代表拥有许多密友对你而言非常重要，即便这意味着你要牺牲独处时间或家庭时光，也在所不惜。
- “必要时提供支持。”不管要你做什么，当朋友需要时你都会尽一切所能去帮助他们，但你不会因为他们碰到个小问题就两肋插刀。老朋友和女朋友分手，需要个地方静一下？你二话不说。朋友需要有人送他去机场？请他叫出租车吧。

性灵

- “每天更接近一点。”鼓励人们参加每周团体活动及读经班，从而获得成长。
- “上帝会怎么做？”不管你面临何种处境，借着这个快速涌上心头且强而有力的问题，马上就能帮助你作出坚守价值观的决定。

慈善

- “帮助无法自助的人。”你可能会把慈善工作重点放在帮助无家可归的人身上，或为动物庇护所提供服务，之后才考虑捐助当地的博物馆。

发展

- “今天的我要比昨天的我懂更多。”这句座右铭着重的是知识以及永无止境的学习和成长。
- “体验新鲜事。”当你面对二选一的情境时，你会选择新体验，不管是餐厅或是旅游都一样。

事业

- “永远要承担更多责任。”获得升迁但无须承担更多职责？不了，谢谢。自愿承接更多项目？绝对奉陪。
- “做我所爱。”如果你被要求做你不爱做的事，你可能会选择牺牲金钱、成功和升迁机会。

健康

- “穿上泳衣也能很自豪。”这句座右铭很简单，但要做到却不简单。这句话能鼓舞你，帮助你作出健身和健康方面的日常决定。
- “有力气和孙子玩。”健康就已经够了，不必奢求拥有钢铁一般的腹部。

写出座右铭的目的在于让你不断受到鼓舞，帮助你快速作出决定。

现在换你了！针对你人生中每个重要领域，想一句重要的座右铭。当你面对抉择时，要回过头来看看这句座右铭。在下一章中，你会学到如何把这些话语融入日常生活当中。

3. 判定优先顺序

要做的事情太多，能用的时间太少，因此我们必须集中精力。软件公司本能地这么做：他们日思夜想要做出顶级的应用程序。当他们推出第一版时，脑中已经在规划第六版的内容了。他们会开发出更多功能，增加更多花样，但不管如何，他们得先把第一版推出去。这就需要集中精力。

虽然你找到了生命中的诸多差距，但你必须把重心放在最困扰你的问题上面。这些可能是落差最大的鸿沟，也可能是你想尽快拉近的差距。比如说，如果你现在做的是一份没有未来的工作，你痛恨你做的事情，同时你也超重 10 磅，从客观角度来看，把重心放在事业上对你来说可能更有道理。

优先顺序是个人的事情，不用对别人有交代。然而，你应该一次集中在多少项差距上面呢？这个问题没有正确答案。对某些人来说，可能是一次一个；对另一些人来说，答案可能是 10 个。这完全取决于你、你拥有的时间及需要做哪些事才能拉近差距。

当你详细研究过自己的生命差距后，请找出优先顺序：哪些是让你一想到胃就疼的问题。先从 3 项或 4 项差距入手。

4. 设定目标

我爱目标，我爱设定目标、谈论目标及实现目标，但我也知道并不是每个人都拥有像我这样的热情。在你心不在焉、双眼呆滞之前，让我先告诉你，为何设定目标如此重要。最新的研究指出，设定目标这个简单的动作，可以强化我们的经历并提高表现绩效，研究也证实，当我们朝着目标迈进时，就会变得比较快乐。设定目标帮助我们关注自己想要的东西。

就算你设定的只是很小的目标，也比什么都不做来得好。但是，如果你想尽量善用能发挥影响力的机会，据此设定目标，那你就要设定影响力目标。

- 激励性：你的目标可能不能激励我，但必须能点燃你心中那把火。如果办不到，去找个新目标吧！
- 可衡量：你的目标必须可衡量。换言之，你的目标需要数字化，可能是金钱、次数、重量等。若你设定的目标可衡量，就比较容易判断你是不是更接近目标（比如说你现在体重是68公斤，但你的目标是60公斤），以及你是否实现目标。
- 意义重大：你的目标必须和你的价值观及座右铭相辅相成。如果目标和价值观有冲突，你就无法完成。
- 可执行：没有行动就不可能有任何成果，你的目标必须能激发行动。在下一章里，我们会告诉你，如何把目标细分成可执行的任务。
- 可控制：如果你无法控制目标的结果，那就不是一个实际的目标，那是祈求和白日梦。你的目标必须是你可以控制的东西（例如，我希望明年这个时候，能跑完人生第一次的马拉松）。
- 确定时间：任何目标若以“有一天我要……”来开头，就永远无法达成。这种目标太模糊，没有设定时间。最好的目标设定方式要有最后期限。

影响力目标和希望及祈求不同，影响力目标对准了靶位，能带来最强烈的动机及最大的成功机会。

仔细检查你的差距。在人生的各个领域中，今年的你是否比去年更好？从现在这个时间点回头看看去年此时，你做了哪些事，才使得如今的你能看到进步并因此兴奋不已？这个问题的答案就是你的目标。现在就开始定下影响力目标，缩短现实和理想之间的差距。

5. 预期挫折

“你要积极思维。”我们每个人都听过这句话，但这其实是很糟糕的建议。一点点负面是好事。事实上，一点点的负面可以帮助我们达成目标。

以下的情节你熟悉吗？新目标很棒，而且深具激励性。你总是想象着，你实现目标时感觉多美妙。有一阵子事情发展很顺利，但之后不知怎么搞的，事情越来越不如意。你过得不顺心，不舒服，或者你感受不到思想的火花了。有时候，遭遇挫折后你还是很容易就再回到正轨上，但通常不然，你可能永远也回不来了。你的梦想消失无踪，你就此永远放弃目标。

我经历过这种事，我知道你也一样。你希望有美好身材，所以决定每天早上都要跑步。你跑了一个星期之后，有一天早上起床时你很累，外面又冷又黑，被窝既温暖又柔软。就在那千分之一秒，不管你决定要对抗所有阻力坚持晨跑，还是钻回柔软的被窝，你就决定了命运。如果那天早上你错过跑步，很可能明天、后天、大后天你也不会再跑了。

我们在设定目标时的热情，很快就会消失无踪：我很累，被窝很温暖。就算是再激励人心的话，也不能帮助我们从床上跳起来。

因此，我们要一开始就和自己坦诚相对。我们必会遭遇挫折，我们必会想要放弃，我们会变得既负面又悲观，我们会寻找合理借口为放弃而辩解。在实现目标的路途上，我们在某个时候，必会经历这一切，可能是两天或两个月后，但不管早晚，我们必然会面对沮丧和悲观。

就算你是最充满热情的人，运动几个月后站上体重秤，却不见体重减轻，你肯定会觉得心灰意冷。想要赢得更多认可的雄心勃勃的高级主管，努力两个月写文章却被行业刊物退稿，也会想要弃甲投降。

任何目标都会遭遇挑战和失望。你一定要知道必会发生这种事，如果你想达成目标，就得给自己打预防针，对抗这些挫折。想要替自己做好心理准备，去面对这些挫折，最好的方法就是尽量想到障碍、问题、挑战及你放弃的理由，然后再针对每一项各个击破。

每个人面对的挑战和挫折都是独一无二的，但下面列出了一些最常见的放弃理由，会对你有所帮助。

1. 没有时间：我喜欢订一大堆目标，就像吃到饱时还要再吃一样。我的眼光总是比我的胃口大，我的企图永远超过我空余时间能够做的事。

   最佳的解决之道就是订出合理的日程表，我们会在下一章详细说明。

   简化生活。丢掉不重要或无法让你更接近目标的承诺。

   要围绕着问题制订计划。比如说，你希望能每天都去健身房，但你的主管老是把你拖到很晚，你最好把上健身房的时间安排在上班前，这样才能实现你的健身计划。

请重读第三章。你要尽自己所能提高效率，要成为一位“排列组合”大师！善用其他人的时间，创造出更多时间，让自己能够完成更多重要的目标。

2. 失去动力：多年前，我曾在电视节目中为一对夫妻进行财务大改造。我问他们，当摄影机不再拍个不停，灯光全都暗下来，只剩下他们两人独处时，他们是否愿意作出一些必要的改变。你也必须问你自己这一个问题。设定目标很容易，实现目标很困难。当你失去动力之后，情况将会如何？

a. 善用愿景板：愿景板是你的目标拼图。不断念叨要去斐济一游，与看着斐济海滩澄澈海水和棕榈树的画面，哪一种比较有用？哪一种让你备感兴奋？哪一种会推着你，让你更接近目标？哪一种能够让你找到动力，并且一直保持下去？当你某一天特别难过时，图片会比文字更能鼓舞你的情绪。

针对每一项目标，从杂志上剪两三张照片，让你心中的力量流泻而出。如果你想要攻读博士学位，你就剪一张学位证书的照片。如果你想学弹钢琴，你就剪下一张钢琴的照片。如果你想要缩短工作时间，就拍一张下午 3 点半办公室空无一人的照片。

一旦剪下这些照片，你就把它们贴在愿景板上，挂在能经常看到的地方。或者，如果你知道自己早上很难爬起来去跑步，你可以在床头上摆一张过去身材曼妙时的照片。

b. 找同伴：我太太经常早上 5 点半起来跑步。为什么她办得到？因为她约了几个朋友早上6点和她一起慢跑。她不想那么早起床，但是她知道朋友都相信她会去。让别人参与可以强迫你保持正轨，就算你失去了动力。

c. 奖励自己的进步：休息一天？叫男朋友发个甜蜜短信鼓励你？去喝一杯酒？等等。

3. 分心：或许你是一个计划未完成就跳到另一个计划的那种人。你喜欢设定目标，但是到了真正要动手，你却又跳开、准备投入另一个目标。如果这是你的天性，你必须打破这个循环。办法之一是你要想清楚自己要什么。目标越清楚，你就越可能坚持下去。同样，差距越大而且差距让你感受到的痛苦越强烈，你就越可能坚持下去。

4. 害怕失败：不想失败，最好的方法是不要尝试。如果你害怕无法实现目标，你就已经成了自己的阻碍。你很快就会放弃，因为你根本无法忍受失望。

   对失败的恐惧会让最强悍的人止步。如果你还在和某个目标奋战，那就去找个战友。只有一个人，通常会让你的恐惧感越来越深。如果你找到一位同样也在奋战的战友，你的恐惧会因此减轻。

   你可以从容易实现的目标起步，借此树立信心，也可以把挑战度较高的目标拿来和比较简单的配对。如果每一个目标都让你陷入苦战，很快就会消磨掉你的动力。

实现目标就像要去打一场仗，很有希望，但也会遭遇重重阻碍。你必须带着计划和大量装备进入战场，敌人随时准备朝你开枪。

现在换你了。问问自己：我为何放弃？如果我放弃，情况将会如何？我认清自己了吗？我很容易怀忧丧志吗？我会不会很在乎别人说什么？我会不会从一件事情跳到另一件事情，但从来没有完成任何事情？找出纸笔，写出在你追寻目标过程中所有可能出错、可能造成挫折的事情。

6. 养成习惯

且让我们停止讨论，真正开始动手做。你已经想好很多让你蓄势待发、想要实现的目标和等待你开创的事业。在下一章中，让我们带着你从本书中学到的一切知识，一起投入行动。

第十一章　不再坐而言，马上起而行

如何利用另外 8 小时创造你想要的人生

我们过着毫无乐趣的生活，怪谁？习惯。每个人都有习惯。事实上，我们一天中要在习惯上花掉很多时间，从一个习惯跳到另一个习惯。我们在同一时间起床，用同样的方式刷牙、冲澡，开车沿着同一条路上班，又沿着同一条路开回家。我们在电视机前面坐下来看同样的节目。我们上床睡觉，第二天再度展开同样的流程。

你有没有发现做一件事做到很麻木，忽然明白多年来你想都没有想就去做这件事？

亲爱的朋友，这就是习惯幽灵在作祟。当我们用同样的方式做同样的事，习惯幽灵就现身了。我们这么做不是因为这种方法最有效率或最有利于成长进步，而是因为我们很久之前这么做过，也没什么不好。因此，我们一再这么做，一直到这件事变成生活的例行公事。

习惯幽灵会压缩我们的人生，榨干我们的时间，让生命失血干涸。习惯幽灵会阻碍我们缩短差距、实现目标。某些很糟糕的习惯，比如抽烟、开车不系安全带等，甚至会让我们命丧黄泉。

但不是所有习惯都是坏事……

养成习惯

习惯可以变成强力武器，帮助我们挤出更多时间，缩短差距，但前提是我们必须在警醒的状况下养成习惯。你要如何消灭习惯幽灵，用推动你向前迈进的正面习惯取代负面且无意识的习惯？习惯是可以养成的，你可以一做再做，直到这种行为变成不由自主为止。

刻意养成习惯时，我们要抛弃负面、无用的习惯，用能丰富人生、带领我们更接近目标的正面习惯取代之。养成习惯之后，我们会从每一天里挤出更多时间。我们会用正面行动充实每一天。我们不再任由空虚干涸的一天延长成一周，再从一周延长成一年，我们会不由自主地往前迈进，缩短人生中的差距。以下是培养习惯的 9 个步骤：

1. 写出日程表中的固定事项；
2. 改掉你的“早叹”；
3. 找出你一天中的可用时间；
4. 写出其他固定事项；
5. 找到开放的时间；
6. 排入你的目标；
7. 写出任务；

8. 组合多重任务；

9. 增强活力。

在你养成习惯之前，先从 other8hours.com 网站上下载目标行动计划书范本。目标行动计划书可以帮助你养成习惯，助你缩短差距。

就算你已经在使用诸如 Outlook 等日程软件，我认为我这套范本仍是助你养成习惯的最佳做法。一旦你完整走过整套流程，就能轻轻松松养成习惯，我建议你一开始先用这套范本。

1. 写出日程表中的固定事项

如果我们能完全掌控自己的时间表，岂不是美事一桩吗？如果没有答应别人这么多事，不用担负那么多责任，我们就能拥有更多空闲时间去追求自己的目标和梦想。

但我们都有不得不去的地方，都要面对不能不理的人。

因此，你的第一要务是列出不得不做的事情。比如，早上 7 点 45 分送孩子到学校，9 点钟开始工作，下午 5 点半要去把练完足球的孩子接回家。但你不要急着把这些项目填入你的日程表。请注意假性起始时间。虽然你可以 9 点钟才开始工作，但是你必须算上开车到办公室的时间。虽然你希望在晚上 11 点上床，但你必须算上刷牙、洗脸等的时间。因此，你不要试着找出做那件事的起始时间（比如说 9 点开始工作），反而是要决定你的发动时间。发动时间是指你为了做一件事而必须先做另一件事的时间。上班的发动时间是 8 点，因为你在 8 点坐进车子里，9 点钟你就能抵达办公室。

好好想一想你要做的固定事项，然后把发动时间填入你的目标行动计划书中。

2．改掉你的“早叹”

每天最初30分钟拥有强大力量，能帮助你好好掌握眼前的一天。你每天早上的行为和态度会影响你的感受及你当天的所作所为。你不要再把闹钟丢到一旁，带着起床气踹猫一脚，每天早上诅咒自己的人生。你要做几件简单的事情，以美妙的基调展开一天的生活。

目标行动计划书

起始时间	行动	组合
8：30	开车去上班	
9：00	工作	
17：15	下班	
17：30	接小孩	

- 摧毁让你越来越衰弱的贪睡键：从今以后，不能再按下贪睡键了。以前我会把闹钟调早一小时（没错，早一小时），这样我就可以按 6 次贪睡键。我发现这个不起眼且看来无害的小按键，让我一天比一天更软弱。每次我按一下，就在无意识间强化了我很软弱这个想法，相信我一定无法按照原定时间起床。一定要打破这个坏习惯，用另一个好习惯取而代之。把你的闹钟调到你想要起床的时间，当闹钟响起时，你要奋起行动：你要起床。每天这么做，你会生出信心。
- 善用前 5 秒：外面又黑又冷，你需要一阵鼓舞才能让心中力量重生。你要做的第一件事是喂饱你的心。你可以读一读你的座右铭，读一段鼓舞人心的话或是《圣经》中的一段话等。你先做这件事，之后再去开智能手机、遥控器或是去刷牙。
- 让血液奔流：你的心可能活跃了一整夜，但你的身体却不然。要准备你的心情，投入这一天，最好的方法就是活动你的身体。在你喂饱心灵之后，花几分钟时间做一点轻松的伸展操或瑜伽，让血液流进肌肉里，同时放松关节，慢慢来、稳稳做就好。
- 力量日志：我希望你每天花 15~20 分钟去写点东西、简单思考下。请参考以下内容：

  a. 感恩：想要增添幸福及美好感受，最好的方法之一就是感恩。有一种强有力却又简单无比的方法，就是写下让你心生感激的事情。

  b. 新事业点子：创业者永远都在思考下一个项目。每天挪出一点时间来想想新产品或新事业，是让心思专注的好方法，同时也能找到新的创业起点。

c. 未来：花几分钟做做白日梦，是每天早晨展开美妙生活的好方法。不要一下子就陷入当天的压力、责任和问题旋涡里，花几分钟静一静，专心想想你的美好未来。这样做可以为你带来持续一整天的安静。

d. 灵性：对某些人来说，沉浸在经书中是对抗生活压力和焦虑的最佳方法。你可随意读一段《圣经》篇章，或者祈祷。

e. 一年赚 100 万美元：这是一个让你的生命力量源源不绝的有趣游戏。如果你绝对、一定要在 365 天内赚到 100 万美元，你得怎么做？游戏很有趣，你可能会因此想出绝妙的点子。

我发现最好的方式是每天结合几个做法。今天也许你可以读一读座右铭，然后写下感恩的事，想一想你的未来。明天你可以先读一段振奋人心的话，之后想想新事业点子，最后用宁静的冥想结束。

- 早餐：我知道，你早就听过这件事了，但是我还是要冒险老调重弹，因为研究证明，仍有约 40% 的人不吃早餐。吃一顿营养丰富的早餐有哪些好处，众所皆知。避开培根、香肠或是加工过的燕麦片，要吃一些简单的东西，比如说脱脂牛奶、香蕉和葡萄干。

如果你没时间吃早餐，或是想多吃一点营养的东西，你可以自己制作营养汤。我的营养汤只要花 3 分钟就可以打好，2 分钟就喝完。你要加什么都可以。我的配方是蛋白质和维生素、绿茶、车前子、啤酒酵母、深海鱼油、肉桂（有助于降血糖）以及能促进关节健康的液体葡萄糖胺。这杯营养汤是按照我的需求量身创造的，你可以找出你的需求，按需求调配。

如果这些事你都做了，你早上的日程表可能要多加20~30分钟。我知道早晨的30分钟很重要，但是请把这段时间当成是对这一天及对自己的投资。做这些事会让你变得更健康，让你抱持更积极心态，让你觉得生命更受控制并且会带给你宁静平和的感受。

请把早晨的例行公事加到你的目标行动计划书里。

目标行动计划书

起始时间	行动	组合
8：00	早晨的例行公事（早餐、写力量日志等）	
8：30	开车去上班	
9：00	工作	
17：15	下班	
17：30	接小孩	

3. 找出你一天中的可用时间

晚上你想睡几小时？一旦你确定答案，你就可以找出一天的可用时间，然后在目标行动计划书中填满更多空白栏。因为你已经知道早晨例行公事有哪些，你也知道你必须几点出门才能赶得上上班。现在你可以决定几点起床了。把起床时间写在你的目标行动计划书上。你知道几点必须起床，也知道自己想睡多久，请再把你必须上床的时间加入目标行动计划书中。要记住，你要用

目标行动计划书

起始时间	行动	组合
7：00	准备起床	
8：00	早晨的例行公事（早餐、写力量日志等）	
8：30	开车去上班	
9：00	工作	
17：15	下班	
17：30	接小孩	
22：30	准备上床	
23：00	就寝	

发动时间，不要只是写“就寝”，还要加上“准备上床”这件事，因为这也要花时间。

4．写出其他固定事项

和家人相处、做晚餐、打扫家里、付账单、倒垃圾、为草皮浇水、看电视还有去邮局办事这些事情，都要花时间，目标行动计划中必须算到。若非如此，我们就会犯错，误以为还有很多时间可以

目标行动计划书

起始时间	行动	组合
7：00	准备起床	
8：00	早晨的例行公事（早餐、写力量日志等）	
8：30	开车去上班	
9：00	工作	
12：00	午餐	
13：00	工作	
17：15	下班	
17：30	接小孩	
17：45	家庭时间（晚餐、小孩、家务等）	
19：45	小孩上床	
22：30	准备上床	
23：00	就寝	

专心去实现目标和创业。

每天挪一点时间让自己去处理这些事。你不用安排特别的活动，但应该在目标行动计划书中挪出一段时间来做这些事。

5．找到开放的时间

看一看你的目标行动计划书，空白时间（我希望你还有）都是开放的时间，你可以在这些时间专心去完成目标和创业。

6．排入你的目标

把重点放在优先性高的目标上，决定你在每一个目标上要投入多少开放时间。比如说，如果美好身材是你的优先目标，你可以每天花 30 分钟或 1 小时去做健身。研究指出，你把活动安排在每天同一时间，效果最佳。如果你不需要每天做这件事，你可以把这件事排在同一个时段或是每周同一天，这样做有助于养成良好习惯。这样，你无须在内心挣扎是否要去健身房，你的自动导航系统会接手，带你去健身房。

当你把目标写入目标行动计划书中时，要注意以下这些因素：

- 精力：你一天当中的精力会有高低起伏，你可能早上的时候最警醒，最能应付心智思考的活动，也可能在夜深人静时更专注。你要好好安排你的目标，在最适合的时间做最适合的事，善用你天生的精力循环周期。比如说，如果你下班后感到疲惫困顿，那时可能就不是安排从事创业者事业的好时机，但可能适合去健身流汗。

- 流程：要注意你的一天是如何从一项活动转到另一项活动的，你要把适合的活动安排在一起。比如，写作几小时后，我需要休息一下。那么，我不会把另一项“脑力”活动安排在写作之后。相反，在那段时间里我会安排阅读、运动、晚餐甚至是看看电视等活动。
- 周边环境：如果你在从事一项目标活动时需要安静的环境，那么你不应把这件事安排在孩子放学回家之后。把这件事安

目标行动计划书

起始时间	行动	组合
7：00	准备起床	
8：00	早晨的例行公事（早餐、写力量日志等）	
8：30	开车去上班	
9：00	工作	
12：00	午餐	
13：00	工作	
17：15	下班	
17：30	接小孩	
17：45	家庭时间（晚餐、小孩、家务等）	
19：45	小孩上床	
20：00	健身或在家用跑步机锻炼	
20：30	目标 1：开始经营博客	
21：30	目标 2：学习西班牙语	
22：00	目标 3：和配偶更亲近	
22：30	准备上床	
23：00	就寝	

排在深夜或是早晨，这个时候孩子们都还在睡觉，这样比较合情合理。

把你从事目标任务的时间插入目标行动计划书中，别忘了也要加入发动时间。比如说，除了写下午 5 点半运动之外，你可能还需要写下下午 5 点 15 分下班，这样才能在 5 点半时到达健身房。

7. 写出任务

我热爱能改变人生的大目标，比如说甩掉 30 公斤赘肉、在度假胜地买一间度假小屋及出售一家网络公司赚得 200 万美元。没有什么能像这些大目标一样让你振奋跃起。问题是，这些目标也会让人却步，让人觉得遥不可及。正如我之前说过的，设定目标很简单，实现目标很困难。目标越大，就越会让人觉得实现很难。

为了能更轻松地管理目标，你必须把目标细分。每一项任务都以另一项任务为基础（就像梯子一样），一直带领你完成任务，实现目标。比如说，你的目标是要在圣诞节前减掉 10 公斤。这是一个很棒的目标，我保证减重后的你看来会更轻盈，更愿意在浴室里照镜子，但是你如何才能实现目标？换言之，你要完成哪些小目标或任务，才能实现大目标？有一个很酷、很有效的方法可以帮助你，那就是思维导图。思维导图是一种围绕着中心主题生成视觉图像的技巧，非常适合用来把目标切分成小任务。

虽然我们的起点是减重 10 公斤这个单一目标，但我们必须完成许多步骤或任务才能最终实现目标。

你的工作是要把每一个目标都细分为较小的任务。如果你喜

思维导图

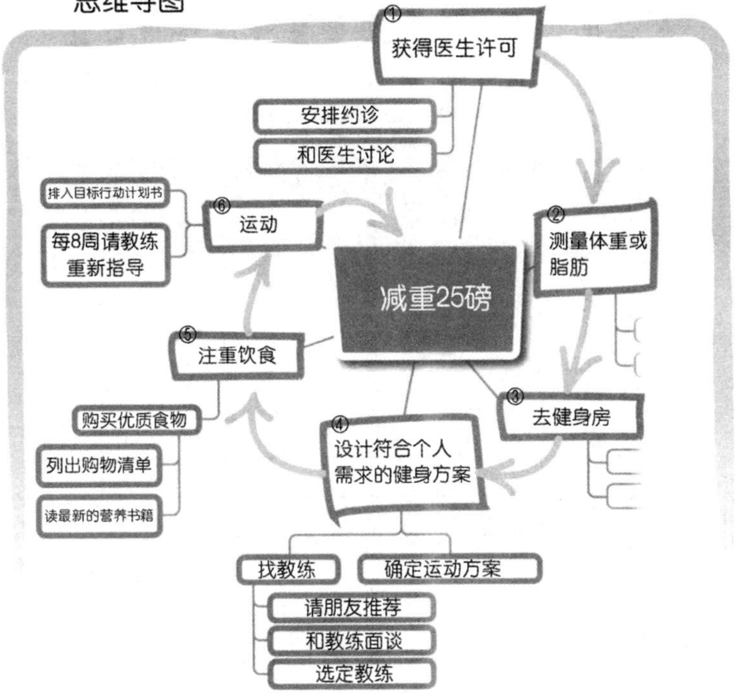

欢思维导图法，你可以用手画一张，或者借助软件帮忙。想要找免费或收费的软件，请在维基百科里搜寻“思维导图软件”。

你在目标行动计划书中写下的完成目标的时段是固定的，在达成前都不会改变。但是，你为了实现目标而必须做的任务则有弹性，有时候甚至每天都会改变。比如说，当我在写这本书时，我每天晚上会腾出 2 小时来专门写作。我知道从晚上 9 点到 11 点，我一定会努力完成我写书的目标。在我的目标行动计划书中，我写了“写书”。虽然目标行动计划书中“写书”这个目标不会变，但是我的任务项目一直在改变。有时候我写作，有时则做研究，或祈求缪斯女神给我一点灵感，这些事我全都放在“写书”时段里。

目标行动计划书

起始时间	行动	组合
7：00	准备起床	
8：00	早晨的例行公事（早餐、写力量日志等）	
8：30	开车去上班	
9：00	工作	
12：00	午餐	
13：00	工作	
17：15	下班	
17：30	接小孩	
17：45	家庭时间（晚餐、小孩、家务等）	
19：45	小孩上床	
20：00	健身或在家用跑步机锻炼	
20：30	目标 1：开始经营博客 a. 设计商标 b. 和网页设计师交谈 c. 写博客	
21：30	目标 2：学习西班牙语 a. 学习第四章 b. 完成作业 c. 学习 10个新单词	
22：00	目标 3：和配偶更亲近 a. 一起上床休息 b. 为对方做 15分钟按摩	
22：30	准备上床	
23：00	就寝	

为了取得最佳效果，并且让你的日程表系统更务实可行，你要每天更新目标行动计划书，强调前三项带领你更接近目标的细分任务。当你这样做时，你就会清楚知道自己要做什么才能向前迈进，让你不必去胡乱猜测“现在我到底应该做什么”。

现在轮到你了。请把你的所有目标划分成更小的任务，并把每项目标的前 3 项任务加到你的目标行动计划书中。

8．组合多重任务

如果你读到这里就停下，你已经比之前往前迈进了好几步。但是如果你想要多一点点激情，你可以继续读下去。在第三章，我们谈过排列组合，把脑力活动和体力活动结合在一起。这个概念又回来了！虽然你的目标行动计划书里已经写满了改变人生的各项行动，但还是可能会出现低效时间（开车上班、早上的准备时间）。让我们来善用这些时间。

检查你的任务清单，看你能否再加入另一项活动，如果可以，就把这些活动加入目标行动计划书的组合栏里。你可以每天都有新的组合活动，或者更好的做法是，你每天都在同一时间做同样的事情。我要强调一下，我们希望尽量能把固定的活动变成一种仪式。因此，当你坐下来花一小时用午餐时，你知道在前半小时里你要吃东西，然后读完“待读”资料夹中的所有资料，接下来半小时，你会出去散散步，听听财经方面的录音材料。

详细检查你的目标行动计划书，加入组合活动。当然，你也想在每一天里增添一点积极的气氛，但你用不着把每天点燃生命

目标行动计划书		
起始时间	行动	组合
7：00	准备起床	检查愿景板 检查一遍所有目标 读一读座右铭
8：00	早晨的例行公事（早餐、写力量日志等）	
8：30	开车去上班	用 iPod 听《纽约时报》
9：00	工作	
12：00	午餐	读“待读资料夹”中的资料 出去散步并打电话给家人
13：00	工作	
17：15	下班	用 iPod 听西班牙语教学
17：30	接小孩	
17：45	家庭时间（晚餐、小孩、家务等）	
19：45	小孩上床	
20：00	健身或在家用跑步机锻炼	看电视
20：30	目标 1：开始经营博客 a. 设计商标 b. 和网页设计师交谈 c. 写博客	
21：30	目标 2：学习西班牙语 a. 学习第四章 b. 完成作业 c. 学习 10个新单词	
22：00	目标 3：和配偶更亲近 a. 一起上床休息 b. 为对方做 15分钟按摩	
22：30	准备上床	检查一遍所有目标 读一读座右铭
23：00	就寝	

火花的活动排进目标行动计划书中。

迷你版常见问题集

问：我的目标行动计划书看来有点单调，要怎么样加点色彩？

答：我是一个视觉型的人，所以我会在目标行动计划书中运用大量色彩。我用淡绿色来代表非目标导向的时段（起床、吃早餐、工作、吃晚餐、哄女儿上床、就寝），用浅黄色代表所有我用来实现目标的时段（写力量日志、运动、投入我的创业者事业、读《圣经》）。至于无法和其他活动组合的基本活动，我则用深灰色表示。如果是我可以组合的活动，也同样用浅黄色表示。

最后，我会用大红色画出发动时间。我知道，当我必须去做某些具体工作时，这些发动时间至关重要。若没好好掌握，这一整天就白白浪费了。你可以在手表或手机上针对发动时间设定闹钟，提醒你自己。

问：我需不需要针对周末编写目标行动计划书？

答：如果你每天都（差不多）在同样时间起床，并且持续同样的早晨例行公事，那是最好的。如果你认真想要缩短差距及（或）开创你的创业者事业，周末正是好时机。

问：你谈到早晨例行公事，那有没有晚间例行公事？

答：一套成为仪式的晚间例行公事，是结束一天的美妙句号，但是如果你有睡眠障碍，那就要小心，不要在即将上床前太过忙碌。

可考虑做一点轻松的伸展操或是静坐冥想。之后，你可以在力量日志中写出你的感恩（没人说你一定得在早上做这件事）。

问：看起来每一分每一秒都安排好了，能不能随兴之所至或什么都不做？

答：研究证明，当我们安排时间从事创造力相关活动时最有创造力，但这并不表示你在清醒的每分每秒都要工作。这是你的时间表，要对你有用。如果你想要在一天时间里多加些活动，没问题。如果你每天晚上都要看电视，请自便！另外 8 小时是你的人生，你可以随心所欲运用。只是，你要警觉自己是怎么用的。作出你的人生选择。人生不会自己跑到你面前来。

9. 增强精力

如果你完成了目标行动计划书，新日程可能会让你非常兴奋，同时也让你觉得有点可怕。你正在采取行动以求缩短差距、强化生命品质，而这项任务远比看电视、嚼薯片更费力。你有一份全职工作，上下班，要照顾家庭，还要承担其他数不清的责任。你可能早就很疲惫，身心难以负荷（但仍对改善生活品质兴奋不已），因此你知道如何增强精力能量，对你来说是一件至为重要的事。

- 努力缩短差距：当你一想到目标和创业者事业，并且努力奋斗时，你将会从中获得能量。
- 成就：把长远目标细分成小任务的附带好处之一，是每当你完成一项小任务，拼出大目标中的小片段时，能够立即看到成就。

- 运动：这是增强精力的最佳方法之一（研究显示，运动也是治疗忧郁的最佳办法）。如果你的目标行动计划书中没有这个项目，请你每天都要做某种形式的运动。把各式各样的运动纳入你的日程安排中，比如说骑自行车上班、午餐时散步或爬楼梯。一整天里，就算只是稍微动一动，也有助于增强你的精力。
- 营养：想把身体效能发挥到最大，你必须给身体最好的营养。如果吃垃圾食品，你就会觉得自己糟透了。增加优质蛋白和优质营养素，减少脂肪、糖类摄取。在目标行动计划书中安排吃营养小吃的时间。
- 蔬果汁：我最近开始打蔬果汁，并上了瘾。不管我看到什么，我都想拿来榨汁。蔬果汁是快速又营养的点心，尤其适合下午饮用。还有，蔬果汁可以净化肠胃，把很多东西排出来。
- 音乐：列出让你精神振奋的音乐，一天里播几次，让你精力无穷（午餐散步时或开车回家时）。
- 晒太阳：休息一下，到户外走走。新鲜空气和阳光可以让你放松下来，恢复活力。如果你生活的地方太阳难得露脸或冬天漫长，你要考虑重新安排时间，早点上床，或去晒晒人工日光浴。

把这些提振精神的活动加入每天的日程里，这样一来你就有力气去缩短差距，拥有你想要的人生。

善用另外8小时的成就

爱丽森·哈德芙自认是一位多重任务专家，努力过得忙碌充实。她是电视台节目主持人，专业配音员，还经营博客。

她想用另一种方法来挑战自我。运动一直是她人生的一部分，但是因为她的日程不规律，因此很难参加有组织的运动，最后她决定去跑马拉松。她展开一周5天的训练，一次跑一两个小时。比赛日期逼近时，她一天跑3~4小时。

她把训练课程排进日程表里，设法完成整套训练。她说："一阵子之后，训练就变成我日常生活的一部分。针对训练定日程，让我更容易实现目标。"

她以4小时7分钟的时间跑完了纽约马拉松。爱丽森说："我能在专业上有成就，还能跑完马拉松，靠的不是运气。对我来说，运气指的是你的准备和机会刚好相逢的那一刻。任何人只要具备走路和移动身体的生理能力，就可以跑马拉松。我深爱实现设定目标要面临的挑战。我一定会再来一次！"

你做到了！养成习惯的滋味如何？要完整走过这套流程并完成目标行动计划书，一开始可能会让你觉得不自然，这是可预期的。养成正面的新习惯需要花时间，也必须抱持信念（虽然一开始新习惯可能会让你觉得浑身不自在）。如果你写出你自己的目标行动计划书，并且实行几周，一切就会慢慢上轨道，你甚至会觉得没有计划书根本无法过日子。

重要的是，你要谨记在心，不要用任务和活动塞满一整天的时光。记住，填满的日程表不等于充实的人生。相反，你要把重点放在有意义、让你拥有更多的事情上面。

不要像本章开头故事里的那个女人一样，不要在没有方向、没有目标的情况下固执地重复做同一件事。当你养成习惯，也就创造出一种氛围，让深具目的性的行动成为你生活的一部分，每一天都变成另一个机会，让你离你的目标又更近一步。

结　语

密西西比州南部已经连下了好几天的雨，警察挨家挨户敲门，叫居民撤退。有一位一辈子坚决跟随上帝的老妇人告诉警察，上帝将会照顾她。

风雨无情，大水已经涨到她的门廊了。一个男人划着小艇过来，他看到老妇人坐在安乐椅上。男人大喊："女士，请到我的船里，我带你离开这里。"老妇人客气地拒绝了："谢谢，不用了，上帝会救我。"

"随你吧！"男人一边咕咕哝哝一边划走去救其他人。洪水继续暴涨。老妇人去到 2 楼避难。一位男士开着机动小艇过来，叫这位仍留在家中的女士到船上来，他来救她了。同样，老妇人拒绝了，她有信仰，她要等上帝救她。

大水持续泛滥，现在只剩下屋顶还在水面上。老妇人在屋顶上，仍冷静地坐着。救援直升机在屋顶盘旋，救援人员通过扩音器喊话，请老妇人抓住绳索，带她到安全的地方。老妇人喊道："我不需要你们，上帝会救我！"

水位继续上涨，这位女士淹死了。当她上天堂时，她怒气冲冲地冲进上帝的办公室，质问他为何不救她。“我还能怎么办？”上帝说，“我派了警察、两艘船，外加一架直升机！”

我们不能像这位老太太一样，光是坐着，然后期待好事出现。信仰和乐观是效果很强的力量，但是到头来我们还是得站起来，自己动手实现。有太多人随手拿起一本书或去参加研讨会，就等着奇迹出现。事实是，我们不用靠奇迹拯救，我们只需要弄清自己要什么，然后努力追求。

一次又一次，一次又一次，我和心生厌倦、极度渴望改变人生的人一起合作，但是到最后他们都不想改变自己。他们认为改变太难、太久。但事实是，改变可以发生在一夕之间。

当你照了镜子却不认识自己，你决定要减重，改变就始于这一刻。你心脏病发作，你决定再也不要一周工作 70 小时，改变就始于这一刻。当你参加教堂礼拜，你想让耶稣进入你的生命，改变就始于这一刻。当你没钱支付房租，你痛下决心要赚更多钱，改变就始于这一刻。

在你知道“够好了”其实还不够好，你明白生命中有哪些你想要缩短的差距，你体会到目前的现实不一定要成为你的未来，改变就发生了。当你梦想拥有更丰盛、更有活力的人生时，改变就开始了。

如果你不确定哪些改变是必要的，无须责怪自己。一旦你拥有知识之后，你就没有借口。一旦你知道需要改变什么，作出改变的重担就落在你肩上。

现在你知道了。利用另外 8 小时，你可以开创更有意义、更丰盛、和家人更亲密的人生。说你想从人生中获得更多是很容易的，但要丢掉你的保护罩去追求梦想，需要很大的勇气。

听到滴答滴答声了吗？那是你的人生，那是另外 8 小时。放下这本书，善用这段时光吧。

声 明

本书的目的在于针对个人财务规划为你提供正确且有用的信息，帮助你把重点放在对财务规划流程而言极为重要的目标和行动上面。本书提供一般性的指南，纯为传达信息。读者在接受本书提供的方针时，要了解作者并无涉及提供专业服务或具体的投资建议。

在运用这些一般性的指南时，牵涉到规范、会计及法律惯例，这些东西可能需因地制宜，而且会经常改变，因此指南的应用应由对个别事实及具体条件的评估结果决定。若任何决定可能造成重大的财务、法律错误或是其他后果，任何书籍都无法取代个别的专业建议。读者不可将本书视为取代咨询律师、会计师或其他财务专业人士的替代品，使用上必须视个人的特殊情况而定。

本书提出的各种投资策略可能也可能不适合读者的个别情况，重要的是，读者必须谨记不同类型的投资会涉及不同程度的风险，无法保证本书提及的任何特定投资项目、投资策略或是概念未来能获利或是适合个别读者。如果读者有疑虑，不清楚本书讨论的任何投资策略是否适用于个人特定的财务条件，应咨询专业顾问。

至于产品、服务供应商及其他额外信息的可能来源，作者无法针对其产品、服务、信息或建议提供保证。出版社及作者对于他们无法控制之第三方产品、服务或内容概不负责。

图书在版编目（CIP）数据

另外8小时 /（美）帕利亚里尼著；吴书榆译；赖伟雄审译．
—成都：四川人民出版社，2014.2（2021.1重印）
ISBN 978-7-220-09127-8

Ⅰ.①另… Ⅱ.①帕… ②吴…③赖… Ⅲ.①时间—
管理—通俗读物 Ⅳ.①C935-49

中国版本图书馆CIP数据核字（2014）第021689号

著作权合同登记号 图字：30-2013-068

LINGWAI 8 XIAOSHI

另外8小时

〔美〕罗伯特·帕利亚里尼 著 吴书榆 译 赖伟雄 审译

特约编辑	张 芹
责任编辑	张 丹
封面设计	朱 红
版式设计	北京乐阅文化有限责任公司
责任印制	聂 敏
出版发行	四川人民出版社（成都槐树街2号）
网 址	http://www.scpph.com http://www.booksss.com.cn E-mail:scrmcbsf@mail.sc.cninfo.net
发行部业务电话	（028）86259457 86259453
防盗版举报电话	（028）86259457
照 排	北京乐阅文化有限责任公司
印 刷	三河市中晟雅豪印务有限公司
开 本	152mm×215mm
印 张	7.5
字 数	161千字
版 次	2021年1月第2版
印 次	2021年1月第1次印刷
书 号	ISBN 978-7-220-09127-8-01
定 价	58.00元